Lesebuch 3

Jo-Jo

Grundschule Bayern

Erarbeitet von

Barbara Ertelt, München
Dagmar Sedlmeyer, Buchloe
Brigitte Umkehr, Würzburg
Marion Waszak, München
und der
Cornelsen Redaktion Grundschule

unter Beratung von

Walter Beddrich, Eichenbühl
Jan Giefing, Pfarrkirchen
Sandra Graßl, Hohenwart
Gabriele Hainke, Grafengehaig
Nicole Hamacher, München
Ursula Hauner, Geiselhöring
Ursula Heck, Lichtenfels
Ursula Hein, Mühldorf
Maria Klingshirn, Burghausen
Christa Lang, Stammham
Karin Olesch, München
Sigrid Schwarzer, Ingolstadt
Marion Wöhrl, Martinsried

Cornelsen

Lesebuch 3

Jo-Jo

Grundschule Bayern

Erarbeitet auf der Grundlage der Ausgabe von: Erna Dransfeld, Friedrich Dransfeld, Horst Schaub, Gudrun Schulz

Redaktion: Gabriela Korup

Gestaltung: Jutta Botzenhart, Manuela Tanner

Technische Umsetzung: Uwe Becker

Illustration: Barbara Korthues
Martha-Luise Gubig (Seite 44, 45)
Detlev Schüler (Seite 6, 39, 62, 110, 164, 165, 167, 185)
vgl. auch das Verfasser- und Quellenverzeichnis

Umschlaggrafik: Birgit Rieger

Cornelsen online http://www.cornelsen.de

1. Auflage Druck 4 3 2 1 Jahr 05 04 03 02

Alle Drucke dieser Auflage sind inhaltlich unverändert und können im Unterricht nebeneinander verwendet werden.

Druck: CS-Druck Cornelsen Stürtz, Berlin

ISBN 3-464-62236-3

Bestellnummer 622363

Gedruckt auf säurefreiem Papier, umweltschonend hergestellt aus chlorfrei gebleichten Faserstoffen.

Inhalt

Wenn es in der Textwerkstatt eine Aufgabe zu einem Text gibt, erkennst du das an diesem Zeichen.

Lesen ist vergnüglich

Der Bücherkater

Der Kater Xaver Rotpelz verbringt die meiste Zeit des Winters in einer gut geheizten Dachkammer. Dort liegt er in seiner Hängematte und liest. Die fünf Mäuse, die auch auf dem Dachboden wohnen, haben nichts zu befürchten. Hier oben ist ewiger Friede – hier wird gelesen! Sogar die Fliegen und die Motten lesen in dieser Dachkammer winzige Insektenromane. Und die Spinne, die im Gebälk wohnt, hat schon lange kein Netz mehr gesponnen. Sie hat keine Zeit dazu, sie lernt gerade das ABC. Ganz still ist es auf diesem Dachboden. Man könnte meinen, hier sei nichts los, hier langweile sich jeder. Weit gefehlt! Die Stille knistert nur so vor Spannung! Die Leser sind auf fantastischen Reisen. Sie sehen Gegenden, in die man mit keinem Schiff und keinem Flugzeug kommt! Sie erleben gefährliche Abenteuer aller Art. Sie sehen Länder, die es gar nicht gibt! Überallhin kommen sie, es gibt nichts, was sie aufhalten kann! Und dabei haben sie es gleichzeitig urgemütlich. Bücherlesen ist doch echte Zauberei …

Erwin Moser

Wo ist dein liebster Leseplatz?
Wann liest du am liebsten?
Welches ist dein Lieblingsbuch?

174

Rätsel

Es fliagt in da Luft,
hat zwoa Haxn
und is schwarz!

Ein Rabe

Es fliagt in da Luft,
hat vier Haxn
und is schwarz!

Zwei Raben

Es fliagt in da Luft,
hat sechs Haxn
und is schwarz!

Eine Fliege

Mit **H** hat sie zwei Beine,
doch geht sie nie alleine.
Mit **R** kann sie dich stechen,
versuchst du sie zu brechen.
Doch setzt du an den Anfang **D**,
enthält sie Milch für den Kaffee.

Mit **R** ist's Ochse oder Kuh,
mit **W**, da bläst es immerzu,
mit **K** ist es ein Mensch wie du!

Paul Maar

Federn hat der schlaue Wicht,
seine Eltern kennt er nicht.
Trotzdem aber weiß das Tier,
wie es heißt, und sagt es dir.

Christine Brand

Was ist bei der Laus groß
und beim Elefanten klein?

Welches ist
das stärkste Tier?

Der Schmöker

Das fesselnde Buch

e. o. plauen

Quintus Xaver Quasselstrippe

Quintus Xaver Quasselstrippe
Quasselt gern auf Leute ein.
Quark, sagt er, dient oft als Stippe,
Quellen sprudeln klar und rein.

Quer und hoch vier gleiche Seiten,
Quakt er, geben ein Quadrat.
Quecksilber wird weich zuzeiten,
Queckengras ist kein Salat.

Quitten geben Marmelade.
Qualle heißt ein Wassertier.
Qualm steigt ohne Wind ganz gerade
Quick hinauf ins Luftrevier.

Quintus, quassle nicht so lose!
Quake nicht so quenglig und
quirle keinen Quatsch mit Soße!
Zu viel Quatsch ist ungesund!

James Krüss

Zungenbrecher

Kleine **K**rokodile **k**auen **k**einen **K**augummi.

Fischers **F**ritz **f**ischt **f**rische **F**ische, **f**rische **F**ische **f**ischt **F**ischers **F**ritz.

Zweiundzwanzig **z**ierliche **Z**werge **z**wicken **z**wei **z**weckige, **z**wackige, **z**appelige **Z**wickelkrebse.

Hinter **H**ermann **H**annes **H**aus **h**ängen **h**undert **H**emden **h**eraus.

170

Eine Maus sitzt im Kino. Kurz bevor der Film beginnt,
kommt ein Elefant herein und setzt sich genau vor die Maus.
Dieser wird es nach einigen Minuten zu dumm.
Sie steht auf und setzt sich vor den Elefanten.
Hämisch dreht sie sich um:
„Na, wie ist es, wenn jemand direkt vor einem sitzt?“

Ein Bericht aus der Jugendherberge! Am besten liest du laut, dann kennst du die Lösung bald.

INDERJUGENDHERBERGE
M8EN8N8SCHWÄRMER
KR8OBTENUNDL8ENDIE
GANZEN8.FRAUSCH8,DIE
HERBERGSMUTTER,W8E
AUF,WECKTES8IHRENMANN
UNDSAGTE,8HEO,ESIST
MITTERN8.GIB8,UNSERE
GÄSTESPIELEN8ERBAHN,
DASSESKR8.DIEVER-
SCHEUCHENUNSEREN8I-
GALL.HERRSCH8DROHTE
N8ISCHENTZUGAN,
DAN8OBTENIEMANDMEHR.

Antje Burger

Versuche selber einen kleinen Text so aufzuschreiben.
Am besten, ihr sammelt zuerst gemeinsam acht-Wörter.

Leber für Schmatzi

Herr Seenix kam vom Einkaufen.

Er hatte eine Überraschung für seinen Kater in der Einkaufstasche.

„Schmatzimatzimatzi, kommkommkommkommkommkomm!

Leeeeeeeeeeeeeeber!“

Aber er rief umsonst.

Kein Schmatzi erschien.

Herr Seenix lief in den Garten:

„Schmatzibutzibatzibitzimitzimatzi!“

Ganz hinten war er jetzt angekommen.

Man konnte ihn kaum noch erkennen, wie er so hinter den Büschen am Zaun entlangkroch.

Aber Schmatzi war hier auch nicht zu sehen.

Herr Seenix kam zurück:

„Schmatzmatzmatzmatz! Leeeeber!“

Nichts.

Langsam wurde Herr Seenix nervös.

Er bückte sich und spähte

unter das Sofa:

Nichts.

Er versuchte von der Seite hinter den Schrank zu gucken:

Nichts.

Er stieg in der Rumpelkammer zwischen den alten Kisten herum.

Ganz klein musste er sich machen, um überhaupt in die Winkel zu kommen und nicht überall anzustoßen.

Aber hier kein Kater, *da kein Kater,*
wie er den Kopf *auch drehte.*

Erschöpft schlurfte Herr Seenix in den Flur zurück.

Da sah er, wie seine Einkaufstasche wackelte!

Er dachte: „Jetzt fängt es hier auch noch an zu spuken!“

Aber dann gab er sich einen Ruck und sah nach:

Keine Leber war mehr in der Tasche, aber viel dicker Schmatzi!

Karsten A. Mentzendorff

Aus der Wolke
f ä l l t
d e r
R e g e n

SONNESONNESONNESONNE

WolkeWolke
WolkeWolkeWolkeWolke
WolkeWolkeWolkeWolke
WolkeWolke
Wolke

Tanja

AUF DAS DACH. DAS MACHT KRACH.

IM HAUS / HÄLT MAN'S AUS.

IM ZIMMER IST'S IMMER

TROCKEN. / DA BLEIBT MAN

HOCKEN. IST DER REGEN AUS,

D A N N G E H T M A N **R A U S !**

Versuche es selber auch mal.

Paul Maar

Die Ameisen

In Hamburg lebten zwei Ameisen,
die wollten nach Australien reisen.
Bei Altona auf der Chaussee,
da taten ihnen die Beine weh.
Und da verzichteten sie weise
denn auf den letzten Teil der Reise.

Joachim Ringelnatz

Gruselett

Der Flügelflagel gaustert
durchs Wiruwaruwolz,
die rote Fingur plaustert
und grausig gutzt der Golz.

Christian Morgenstern

Lies vorwärts oder rückwärts und beginn, wo du willst!

Ich kann mir allein nicht helfen.
Die Kiste ist zu schwer.
Man sollte die Kiste heben.
Ich brauche ein Werkzeug.
Das Werkzeug ist im Haus.
Ich bin im Garten.
Ich kann nicht fortlaufen.
Mein Fuß steckt unter der Kiste.
Der Fuß tut mir weh.
Es ist kaum auszuhalten.
Ich kann nicht aus dem Schuh heraus.
Die Zehen sind festgeklemmt.

Hans Manz

Hauchte, wetterte, sprach, brüllte

„Gestern Abend“,
sprach er.
„Es war schon dunkel“,
erzählte er.
„Wollte ich zu meinem Schwager“,
berichtete er.
„Aber in dem Fliederbusch vor seinem Haus“,
tuschelte er.
„Sah ich etwas glühen“,
zischte er.
„Zwei grüne Augen“,
keuchte er.
„Da lauerte ein Gespenst“,
schrie er.
„Ich –“,
stieß er hervor.
„Auf und davon wie der Blitz“,
gestand er.
„Da hättest du auch Angst gehabt“,
behauptete er.
„Nun haben sie ohne mich Geburtstag gefeiert“,
jammerte er.
„Es war bestimmt lustig“,
schluchzte er.

Josef Guggenmos

Lest euch den Text gegenseitig vor,
aber lest nur die wörtliche Rede.
Achtet beim Vorlesen besonders auf die Betonungen:
erzählen, tuscheln, keuchen usw.

Schule hat viele Gesichter

Schulordnung

Auf dem Schulhof ist kein Geschrei und Geschwätz gestattet.

Im Winter dauert das Lernen von morgens bis abends.

Jeder Schüler muss in seiner Bank über der Tafel und über dem Büchlein still und aufrecht sitzen.

Die Kleinen schreiben mit einem Griffel auf eine Schiefertafel.

Jede Woche sind zwölf Stunden für Lesen und Schönschreiben abzuhalten.

Jeden Samstag muss die Schule gekehrt und gesäubert werden.

Die ABC-Schützen lernen täglich zwei Buchstaben.

Der Schulmeister soll die Rute kräftig gebrauchen.

In die Pause gehen zuerst die Buben und dann die Mädchen.

Beim Aufsagen der Lieder und Sprüche kommt jeder der Reihe nach dran.

Die Großen schreiben mit Tinte und einem Federhalter in ein Heft.

Frage daheim nach alten Bildern und Zeugnissen.

Kannst du dir unter allen Wörtern, die in dieser Schulordnung vorkommen, etwas vorstellen? Vergleicht diese Schulordnung mit eurer.

Aus dem Schultagebuch einer Schülerin im Jahre 2128

28.03.2128: Endlich hatten wir mal wieder bei einem Lehrer Unterricht. Das war viel lustiger als bei dem ollen, langweiligen Computer. Hat richtig Spaß gemacht. Hoffentlich ist der Apparat morgen auch noch kaputt.

29.03.2128: Die beiden neuen Schul-Stewards sind Spitze. Sie haben ständig gute Ideen und Einfälle. Tatina, Furula und ich versuchen es immer wieder so einzurichten, dass einer von ihnen uns das Pausenfrühstück auf unser Zimmer bringt.
Heute hat es leider nicht geklappt. Sonst war nichts Wichtiges.

30.03.2128: Die Computer funktionieren wieder. Schade, bei dem Lehrer war es viel schöner. Sport war wieder ganz schön anstrengend. Ohne die anschließende Erholungsstunde mit Massage und Erfrischungen hätte ich am weiteren Unterricht nicht mehr teilnehmen können. Aber das macht wieder fit.
In Weltraumkunde hat mich Andidu dreimal geschubst. Er ärgert mich immer, dabei mag ich ihn doch. Das verstehe ich nicht.

31.03.2128: Gestern Abend war ich im Schulkino. Es wurde ein ganz alter Film gespielt: „Heidi“ hieß er. Ich glaube zwar nicht, dass die Menschen einmal so gelebt haben, aber der Film gefiel mir trotzdem.

01.04.2128: Heute Morgen war endlich mal was los. Andidu hat an meinem Schaltpult rumgespielt statt die Fragen zu beantworten (ich glaube er mag mich auch ein wenig). Auf einmal hat es gezischt und geraucht. Der Hausroboter kam angefahren, drehte an vielen Schaltern, setzte neue Kabel ein und drückte auf verschiedene Knöpfe, aber es rauchte immer weiter. Darauf war er wohl nicht programmiert.
Der Vertretungslehrer hat gesagt, dafür hätte Andidu früher eine schlechte Note erhalten und ein Eintrag in das Klassenbuch wäre noch dazugekommen.
Was Noten und Einträge sind und wozu sie gut sein sollen, das will er uns morgen erzählen. Da bin ich gespannt, denn Geschichten von früher gefallen mir am besten.

Manfred Mai

Stell dir vor, du gehst im Jahre 2128 zur Schule.
Schreibe deine eigenen Tagebucheinträge.

Das Bauchweh

Einmal hab ich Bauchweh gehabt. Das Bauchweh war das Diktat, das wir an dem Tag, an dem ich Bauchweh bekam, schreiben sollten. Als ich morgens aufwachte, hatte ich schon ein leises Grummeln im Magen. „Ich habe Bauchweh", habe ich zu meiner Mutter gesagt. „Schreibst du eine Arbeit heute?", hat sie mich gefragt. Ich kann nicht lügen, höchstens mal ein bisschen flunkern. Aber dann kriege ich auch schon wieder Bauchweh. Also lass ich das lieber sein. Dann schon lieber Bauchweh, weil ich irgendeine Arbeit schreibe. „Ja, aber ich hab wirklich Bauchweh!", habe ich zu meiner Mutter gesagt. Da hat sie mir eine Entschuldigung geschrieben. Ich bin nicht zur Schule gegangen. Mutter hat gesagt, dass ich zu Hause bleiben soll, und sie hat mir eine Suppe gemacht und mit mir Diktat geübt. Als ich am nächsten Morgen zur Schule gegangen bin, hab ich kein Bauchweh mehr gehabt. Der Lehrer war auch krank gewesen. Er hatte auch Bauchweh gehabt. Er sagte, er hätte was Schlechtes gegessen. Dann hat er die Arbeit mit uns allen nachgeschrieben und ich hab nur wenige Fehler gemacht. Seitdem hab ich kein Bauchweh mehr vor einer Arbeit. Mutter sagt, auch Bauchweh muss man mal haben. Man muss nur wissen, warum.

Nasrin Siege

Gute Rezepte
gegen Bauchweh:

Zärtlichkeiten
Die Arme ausbreiten
Märchen erzählen
Blätter sammeln
Bauchweh wegstreicheln

Hast du auch schon mal vor Aufregung Bauchweh gehabt?
Welche Rezepte dagegen kennst du?

Vertrauen schenken

Die Sommerferien sind vorbei. In der ganzen Schule riecht es nach Putzmitteln und frischer Farbe. Die Schüler laufen und rufen aufgeregt durcheinander; sie suchen ihre neuen Klassenzimmer.
Die 3 b hat ihres im Erdgeschoss hinten rechts.
Dort warten die Mädchen und Jungen gespannt auf ihre neue Lehrerin.
„Guten Morgen, Kinder“, grüßt sie freundlich, als sie hereinkommt.
„Guten Morgen, Frau Zeller“, antwortet die Klasse.
„Wir haben es also in diesem Schuljahr miteinander zu tun“, sagt Frau Zeller.
„Ich hoffe, dass wir gut miteinander auskommen.“
Dann erzählt sie von sich, fragt die Kinder dies und das, teilt Bücher und Arbeitshefte aus, schreibt den Stundenplan an die Tafel und so weiter.
Nachdem alles erledigt ist, sagt sie: „So, jetzt fehlt uns doch etwas ganz Wichtiges.“
„Die Namensschilder“, ruft Axel.
„Nein, viel wichtiger: ein Klassensprecher.“
„Daniel ist doch unser Klassensprecher“, ruft Anne.
„Der wollte ja immer nur alleine bestimmen.“ Markus schüttelt den Kopf.
„Den will ich nicht mehr.“
„Du willst ja bloß selber Klassensprecher werden“, sagt Daniels Freund Tobias.
„Aber dazu fehlt es dir hier.“ Tobias tippt sich an die Stirn. „Du bist ein ...“
„Halt, halt!“, ruft Frau Zeller dazwischen. „So hat das keinen Zweck.
Mit Vorwürfen und Streit kommen wir nicht weiter. Ihr solltet erst mal in Ruhe überlegen, was ihr von eurem Klassensprecher erwartet.
Und ich notiere alles an der Tafel.“

Frau Zeller kann kaum schnell genug schreiben. „Sonst noch etwas?“, fragt sie, nachdem alle Schülermeinungen an der Tafel stehen.

Daniela hebt die Hand. Frau Zeller nickt ihr zu.

„Sie haben immer „Er“ geschrieben. Aber ein Mädchen kann doch auch Klassensprecher sein.“

„Ein Mädchen?!“, fragt Michael und verdreht die Augen.

„Ja, ein Mädchen“, sagt Daniela spitz.

„Natürlich, da hast du Recht.“

Sofort schreibt Frau Zeller vor jedes „Er“ ein „Sie“.

„Daran hab ich gar nicht gedacht. Für mich war das ganz selbstverständlich.“

Ein paar Jungen tuscheln miteinander.

Frau Zeller räuspert sich. „Möchtet ihr noch etwas dazu sagen?“

Die Jungen werden verlegen und schütteln schnell die Köpfe.

„Dann habe ich noch einen Punkt“, sagt Frau Zeller.

Man muss ihm oder ihr vertrauen können, schreibt sie an die Tafel.

„Die wählen doch alle nur ihre Freunde“, sagt Axel.

„Dich wählt jedenfalls keiner“, ruft Tobias.

„Sei nicht so vorlaut“, sagt Frau Zeller. Und zu den andern: „Lest bitte alles noch einmal genau durch und überlegt dabei, ob wir davon etwas streichen können.“

„‚Er soll nett sein‘ könnte weg“, schlägt Petra vor.

„Einverstanden?“, fragt Frau Zeller die Klasse.

Die meisten nicken.

Alles andere möchte die Klasse stehen lassen.

„Also dann“, sagt Frau Zeller. „Ihr kennt einander ja gut. Das ist die Voraussetzung für eine sinnvolle Wahl. Und bevor ihr wählt, solltet ihr euch fragen: Wer entspricht am meisten dem, was an der Tafel steht? Wem möchte ich mein Vertrauen schenken?“

Manfred Mai

Welche Eigenschaften sind dir bei einem Klassensprecher oder einer Klassensprecherin wichtig? Stelle eine eigene Liste auf.

Stöpsel im Ohr

„Christoph ist ein Blödian!“ Mit dieser Bemerkung betritt Thomas den Umkleideraum der Turnhalle. – „Was ist denn jetzt los, ich denke, Christoph ist dein bester Freund“, fragt Wolfi.

„Ist doch wahr“, mault Thomas. „Dauernd hat er diesen Walkman dabei. Er läuft nur noch mit den Stöpseln in den Ohren herum und redet kein Wort mehr. Sogar beim Radfahren hat er sie drin.“

Inzwischen ist Christoph eingetrudelt, natürlich mit Walkman. Er hebt lässig eine Hand und grüßt cool in die Runde. Seine Schulfreunde beachten ihn aber nicht. Bisher war Christoph sehr beliebt, aber seit er den Walkman hat, hört er Kassetten ganz für sich allein – den ganzen Tag über.

Christoph bemerkt den Ärger seiner Freunde nicht. Widerwillig nimmt er die Kopfhörer aus den Ohren und trottet lustlos in die Sporthalle. Nach der Sportstunde steckt er die Stöpsel sofort wieder in die Ohren, zieht sich an und verschwindet aus dem Umkleideraum.

„Der spinnt echt“, sagt Thomas und tippt sich an die Stirn.

Auf dem Weg nach Hause überlegt Christoph krampfhaft, was der Vater ihm heute früh aufgetragen hat. Irgendetwas sollte er einkaufen. Was war das bloß? Die Musik dröhnt in seinen Ohren, aber er dreht den Ton nicht leiser. Dass laute Musik die Ohren schädigen kann, ist ihm egal. Christoph hüpft zur Musik und merkt gar nicht, dass er im Zickzack läuft. Mal geht er auf dem Bürgersteig, mal auf dem Fahrradweg. Er hört auch nicht, dass hinter ihm jemand ganz laut schreit: „Achtung, pass doch auf!“ Und schon bekommt er einen heftigen Stoß und stürzt auf das Pflaster.

„Auweia, tut das weh“, stöhnt er.

Ein Junge mit einem Fahrrad steht vor ihm.

„Hast du mich nicht gehört?“, fragt er Christoph. „Ich habe wie verrückt geklingelt und gerufen. Und du rennst mir direkt ins Rad.“

Christoph schaut ihn verständnislos an. Das Vorderrad des Fahrrads ist wohl kaum mehr zu gebrauchen.

Michael Schanze, Ralf Butschkow

Im Straßenverkehr gibt es viele Geräusche. Oft können sie dich vor Gefahren warnen. Zähle möglichst viele solcher Geräusche auf.

Blind sein

Der Wecker klingelt. Wie spät ist es? Meike öffnet die Augen. Aber sie kann trotzdem nichts sehen. Meike ist blind. Mit den Fingern tastet sie den Wecker ab. Er hat kein Glas vor dem Zifferblatt. Das ist nämlich ein Wecker für Blinde. Meike fühlt, wie spät es ist. Ja. Tatsächlich: Höchste Zeit zum Aufstehen.

Meike kann sehr viele Sachen selber machen. Sie schmiert sich ihr Frühstücksbrot und sie gießt sich Milch ein. Läuft die Milch nicht über? – Ach was! Meike steckt einfach ihren Finger in den Becher. Dann spürt sie, wann er voll ist.

Meike geht schon zur Schule. In eine Schule für Blinde. Sie schreibt mit einer Maschine. Die macht Buchstaben zum Fühlen. Das sind lauter kleine Hubbel, die du mit den Fingern lesen kannst. Diese Blindenschrift heißt Braille, wie der Mann, der sie erfunden hat.

Meike hat ihre Aufgaben fertig. Jetzt kann sie tun, was sie möchte. Ihr Freund spielt. Und was macht Meike? Sie hat Lust auf ein Buch. Jemand hat das Buch auf Band gesprochen. Meike holt sich den Kassettenrekorder und hört ihr Buch.

In der Sporthalle. Hier rennen die Kinder beim Fangenspielen nicht schnell durcheinander. Wenn sie das täten, würden sie stolpern und hinfallen. Weil sie doch nichts sehen können. Die Sporthalle hat einen besonderen Fußboden. Da sind kleine Vertiefungen vor den Wänden. So spüren die Kinder rechtzeitig, wo die Wand ist. Jetzt ist Meike mit Fangen dran. Sie hat eine kleine Holzhantel mit Glöckchen in der Hand. Damit die anderen Kinder hören, wo sie gerade ist.

Was macht Meike jetzt? Sie geht mit einem Blindenstock. Das lernt sie auch in ihrer Schule. Eine Lehrerin beobachtet sie. Mit dem Stock tastet Meike den Boden ab. Vor sich und neben sich. Sie spürt, ob irgendwo ein Hindernis ist, eine Mauer, Stufen oder ein Pfahl. Und wenn Meike das Gehen mit dem Stock gut gelernt hat? Dann kann sie auch allein spazieren gehen.

Am Nachmittag besuchen die Kinder ein Pferd. Sie betasten seine Mähne und sein Fell. Die Lehrerin erklärt alles. Meike möchte auf dem Pferd sitzen. Hui, da merkt sie erst, wie groß es ist. Jetzt wissen die Kinder, was ein Pferd ist. Obwohl sie es gar nicht sehen können.

Meike ist wieder zu Hause.
Sie spielt „Mensch ärgere dich nicht“
mit ihrer Schwester und ihrem kleinen Bruder.
Die können das Spiel sehen.
Meike tastet den Spielplan ab.
Die Plastikröhrchen helfen ihr sich zurechtzufinden.
Jetzt ist Meike dran.
Sie hat eine Sechs gewürfelt.
Das fühlt sie ganz genau.
Bei einer Sechs darf sie noch einmal würfeln.
Ob sie gewinnt?

Lydia van Andel, Ineke van Sijl

Blindenschrift

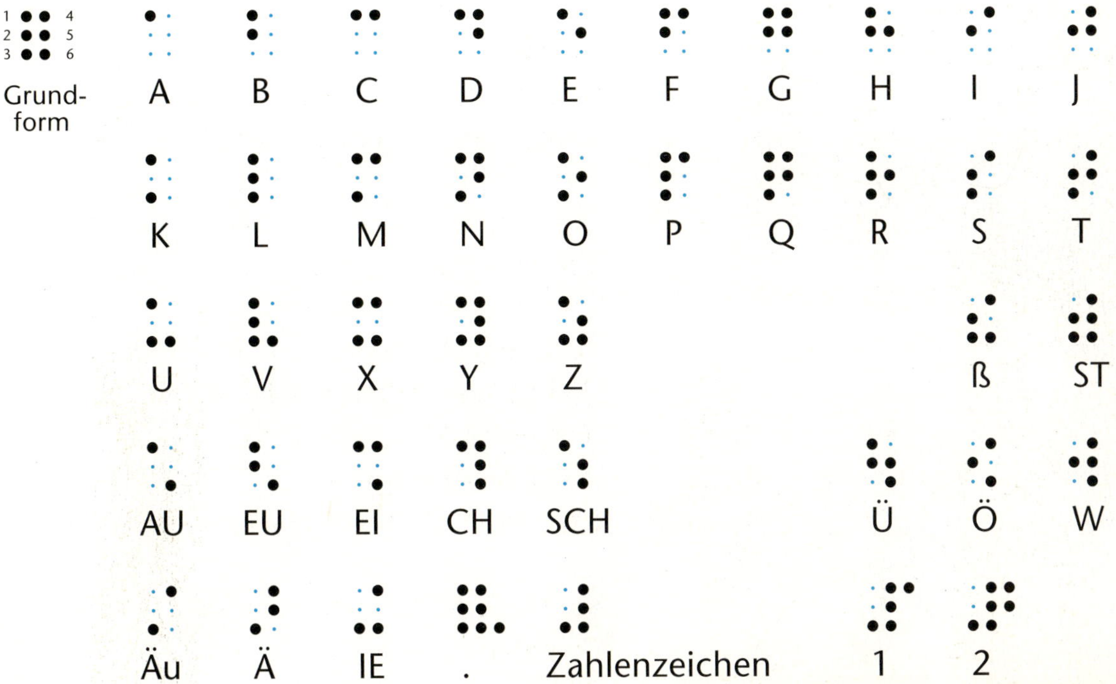

Die dick gedruckten Punkte sind in Wirklickeit kleine Hubbel, die mit den Fingern ertastet werden.

Schließe deine Augen. Was „siehst“ du?
Wie fühlst du dich?
Verbindet eure Augen mit einem Tuch.
Versucht mit dem Unterricht weiterzumachen.

Ein Geheimnis behalten

Jeden Tag nach der Schule treffen sich Jan und Lukas im Wald. Vor ein paar Tagen haben sie eine kleine Hütte gefunden. Sie ist verfallen und schmutzig. Jan und Lukas haben beschlossen die Hütte wieder herzurichten. Es gibt viel zu tun: Bretter sind lose, das Dach muss neu gedeckt werden und in der Hütte liegt allerhand alter Plunder – Steine, vergilbte Zeitungen, sogar ein rostiger Kochtopf. Jan und Lukas stopfen alles in große Mülltüten. Es ist heiß. Lukas schwitzt, obwohl er sein T-Shirt längst ausgezogen hat. Auch auf Jans Stirn stehen Schweißperlen. Doch er trägt immer noch seine langen Hosen und sein T-Shirt. „Wieso ziehst du nicht was aus?“, fragt Lukas nun schon zum dritten Mal.

Zuerst hat Jan immer mit dem Kopf geschüttelt, doch jetzt räuspert er sich lange und sagt schließlich mit rauer Stimme: „Kannst du ein Geheimnis für dich behalten?“

„Na klar“, sagt Lukas.

Langsam zieht Jan sein T-Shirt über die Schultern.

Lukas erschrickt: Jans Rücken ist voller blauer und roter Flecken.

„Mein Vater war das“, sagt Jan. „Wenn der wütend wird, dann ...“ Er schaut Lukas an. „Deshalb kriege ich auch immer eine Entschuldigung für Sport, wenn ich so aussehe. Aber das darfst du keinem Menschen erzählen. Versprochen?“

Lukas nickt.

Am nächsten Tag hat Jans' und Lukas' Klasse in den ersten beiden Stunden Sport. Jan ist nicht da.

Erst in der großen Pause kommt er und gibt Frau Berg einen Entschuldigungsbrief.

„Also wirklich!“, sagt Frau Berg zweifelnd. „Das ist nun schon das dritte Mal, dass du nicht zum Sportunterricht kommst. Magst du Sport nicht?“

„Doch“, sagt Jan leise. Er dreht sich um und läuft weg.

Kopfschüttelnd schaut ihm Frau Berg hinterher.

„Was hat Jan denn bloß? Weißt du vielleicht, was mit ihm los ist?“, fragt sie Lukas besorgt.

Lukas sagt nichts. Da klingelt es, die Pause ist zu Ende.

„Wir reden nach der Stunde noch mal darüber“, sagt Frau Berg zu Lukas, bevor sie ins Klassenzimmer geht.

Karin Schupp

Ist es richtig, dass Lukas seiner Lehrerin nichts sagt?
Was könnte er tun um Jan zu helfen?
Darf Lukas das Geheimnis verraten?

Lothar und das Zeugnis

Lothar kann mit seiner Armbanduhr die Zeit stoppen. Den Tisch abräumen helfen dauert genau 55 Sekunden. Müllеimer ausleeren schafft er in 1 Minute und 5 Sekunden. Beim Zähneputzen liegt sein Rekord bei 10 Sekunden. Die Hausaufgaben stoppt Lothar auch. Es ärgert ihn, wenn er länger als 20 Minuten dazu braucht. Hausaufgaben ärgern ihn grundsätzlich immer. „Reine Zeitverschwendung!“,sagt Lothar. Manchmal klappt er schon nach 10 Minuten sein Heft zu.

Er wirft es zusammen mit dem Federmäppchen zurück in die Schultasche und ruft: „Du, Mama, ich kann 27 Sekunden lang die Luft anhalten!“

„Sehr beeindruckend“, sagt Mama. „Aber mach' lieber deine Hausaufgaben.“

„Bin schon fertig!“, ruft Lothar. „Wir haben nicht viel auf!“

In der Schule braucht Lothar jede Menge Hausaufgaben-Ausreden. Frau Buchner, die Lehrerin kennt sie alle auswendig.

„Ich konnte keine Hausaufgaben machen“, sagt Lothar. „Ich war beim Zahnarzt und danach war ich ganz benebelt von der Spritze!“

Oder:

„Ich hab' keine Zeit gehabt. Ich hab' mich um einen kranken Vogel gekümmert. Der wäre sonst gestorben!“

„Du musst dich mehr anstrengen, Lothar“, mahnt Frau Buchner immer wieder. „Bald gibt es Zeugnisse. Deine Leistungen sind nicht gerade berauschend!“

Mit den Noten nimmt es Lothar nicht so genau. Wenn ihn die Eltern danach fragen, schummelt er schon mal. Aus einer 4 macht er schnell eine 3. Und aus einer 5 macht er eine 4. Ich muss cool bleiben, denkt er. Das bügel' ich schon wieder aus. Der letzte Schultag rückt immer näher. Noch immer ist Lothar cool. So cool wie eine Tiefkühltruhe. Endlich ist es so weit. Morgen gibt es die Zwischenzeugnisse. „Na, wie wird dein Zeugnis?", fragt ihn die Oma am Telefon. „Ganz gut, glaub' ich", gibt Lothar lässig zur Antwort. „Da bin ich sicher. Du bist doch ein gescheiter Bub!", sagt Oma. Beim Abendessen meint Papa: „Für jede 2 bekommst du 1 Euro. Und für jede 1 geb' ich dir 2 Euro!" „Dann wirst du morgen arm!", sagt Lothar. Papa lacht und nimmt noch einen Schluck Bier. Lothar ist froh, dass Papa so gute Laune hat. Später dann im Bett kann Lothar lange nicht einschlafen. Er wälzt sich hin und her. Dauernd muss er an die Noten denken. Bestimmt wird Frau Buchner gnädig mit ihm sein. So schlimm wird es schon nicht werden. Und wenn doch? Lothar muss zweimal ins Bad (zur Toilette) und dreimal in die Küche (zum Wassertrinken). Danach will er die Zeit bis zum Einschlafen stoppen. Nachts vergehen die Minuten scheinbar viel langsamer als am Tag. Wie kann das nur sein? Nur nicht die Nerven verlieren, denkt Lothar.

Erhard Dietl

Opas Muschel

Opa hat sich vom Nordseestrande
eine Riesenmuschel mitgebracht.
Die hat er in Kampen sich aus dem
Sande
gefischt.
Von außen besehn,
scheint das Gehäuse ganz leer
innen.
Aber das Meer
ist heimlich da drinnen.
Horch, wie es rauscht,
wenn man dran lauscht!
Sogar die schnellen,
schäumenden Wellen,
wie sie flüstern und tuscheln,
und auch den Wind
in den Disteln und Föhren …
Das alles kannst du drinnen hören!
Weil nämlich die Muscheln
so stille sind.

Mascha Kaléko

Ferienelfchen

schön
die Ferien
ich habe Zeit
viel Zeit zum Spielen
toll

gemütlich
die Tage
mit meiner Oma
sie kann schön erzählen
Geschichten
Jan

herrlich
die Ferien
ich darf zelten
jeden Tag im Garten
hurra
Sarah

spannend
die Reise
Berge und See
ich werde oft segeln
hoffentlich
Marco

Wieder ist es Herbst

Verirrter Esel
Jean Dubuffet, 1959

Herbstlied

Bunt sind schon die Wälder,
gelb die Stoppelfelder
und der Herbst beginnt.
Rote Blätter fallen,
graue Nebel wallen,
kühler weht der Wind.

Johann Gaudenz Freiherr von Salis-Seewis

Herbstbild

Dies ist ein Herbsttag, wie ich keinen sah!
Die Luft ist still, als atmete man kaum,
und dennoch fallen raschelnd, fern und nah,
die schönsten Früchte ab von jedem Baum.

O stört sie nicht, die Feier der Natur!
Dies ist die Lese, die sie selber hält,
denn heute löst sich von den Zweigen nur,
was vor dem milden Strahl der Sonne fällt.

Friedrich Hebbel

Zum Erntedank

Es Buama, Madln, hockts enk zsamm
und flechts aus Weiznährn
und Bandln bunt a Erntekron
zum Dank für unsern Herrn!

Es Ministrantn, teats uns hoin
vui Blumazier fürs Fest!
A jeder, der an Gartn hat,
soi gebn des Oiabest.

Fahrts mit an Wagerl vor jeds Haus!
Was gwachsn is des Jahr,
des wo, ma stuckweis zuawilegn
vorn Herrgott sein Altar!

Kartoffln, Kraut und gelbe Ruam,
Tomatn, Äpfi, Birn,
Melona, Weintraubn, Kopfsalat
soin unsa Kirch morgn ziern.

Ziag oi Register, Orglmo,
greif nei mit Füaß und Händ!
Es Leit, stimmts a Tedeum o,
dass wackln d'Kirchawänd!

Heinrich Wismeyer

Wer kann den Text richtig bayerisch vorlesen?

Der Fuchs und die Weintrauben

Der Fuchs sah an einem Weinstock reife Trauben
und hätte sie gern verzehrt; aber obwohl sie ihm
vor den Augen hingen, konnte er sie nicht erreichen.
Eine Maus hatte ihm zugesehen und sprach lächelnd:
„Davon bekommst du nichts!“
Er wollte sich aber vor der Maus nicht klein zeigen
und meinte: „Sie sind mir noch zu sauer!“

Äsop

Herbstwind und Sonne

Herbst war's. Mal schien die Sonne, mal regnete es,
mal blies ein kalter Wind. Gegen dieses wechselhafte Wetter
hatte sich ein Wanderer dick vermummt.
„Der hat sich gut vorgesehen“, sagte der Wind,
„aber er hat nicht an mich gedacht!
Wenn ich kräftig puste, hält kein Knopf,
ja der ganze Mantel fliegt davon.“
„Gut, wetten wir“, sagte die Sonne.
„Wer's von uns zweien zuerst schafft,
dass der Wandersmann ohne Mantel geht,
soll Sieger sein. Beginne du.“
Der Wind bläht sich wie ein Ballon,
schiebt Wolken vor die Sonne,
pfeift, faucht und stürmt.
Er packt den Mantel an Falten und Kragen, doch der Mann wickelt sich
nur umso fester in ihn ein. Ziegel krachen von den Dächern,
Boote kentern, Bäume stürzen – der Mantel hält.
Jetzt zerteilt die Sonne das schwarze Wolkenmeer, sie strahlt und wärmt.
Dem Wanderer in seinem schweren Mantel wird's zu heiß;
er zieht ihn aus, noch ehe die Sonne ihre ganze Kraft entfaltet hat.
So bewirkt Milde oft mehr als rohe Gewalt.

Nach einer Fabel von La Fontaine

184

Herbstzeit – Grippezeit

Herbstzeit – Grippezeit,
überall, weit und breit,
hörst du's
niesen, schnupfen, husten,
keuchen, ächzen, prusten,
jammern, seufzen, klagen,
überall die Grippeplagen:
Kopfweh, Fieber, Schüttelkrämpfe,
Halsschmerzen, Kamillendämpfe,
Pillen, Tropfen und Tabletten,
Zäpfchen, Salben, frische Betten,
Honigmilch und Hustensaft,
Brühe, heiß, für neue Kraft.
Jedes Jahr das gleiche Spiel.
Medizin nützt da nicht viel.
Helfen kann nur eines: Zeit,
Geduld, Humor, Gelassenheit,
denn die ganze Grippeplage
dauert mindestens acht Tage,
und so lange muss man leiden
oder Ansteckung vermeiden.

Elke Bräunling

Spiele zum Gesundwerden

Das Wörterverwurstel-Virus
Ein seltsames Virus geht um und befällt einen Spieler nach dem anderen: Statt „Hustensaft" sagt einer „Sustenhaft", aus „Nachttisch" wird „Tachtnisch" und „Schokolade" verwandelt sich in „Lokoschade". Ein Spiel, das oft noch gespielt wird, wenn das lettbägerige Kulschind schon längst wieder segund ist.

Basketball
Ans Bettende wird ein kleiner Korb gestellt. Das Kind bekommt etwa 10 Paar zusammengesteckter Socken und soll die Sockenbälle in den Korb werfen. Besonders gute Basketballer müssen den Sockenball zuerst so gegen die Wand werfen, dass er zurückprallt und in den Korb fällt.

Der Fensterspaziergang
Wer zu krank ist um einen richtigen Spaziergang zu machen, der geht einfach in der Wohnung von Fenster zu Fenster spazieren. Von welchem Fenster aus hat man die schönste Aussicht? Wohin läuft wohl die Frau mit dem Hut? Worauf könnte der kleine Junge auf der anderen Straßenseite warten?

Welche Spiele zum Gesundwerden kennst du?

Vorsicht, Niesgefahr

In Redelberg am Main steht gleich hinter der Ortstafel ein Verkehrsschild, auf dem eine große Nase zu sehen ist. Das Schild bedeutet:

Vorsicht, Niesgefahr!

Das Straßenverkehrsamt hat es aufgestellt, weil dort Herr Fordwengler wohnt.

Wenn Herr Fordwengler niest, fallen im Umkreis von zwölf Metern die Leute zu Boden.

Bei einem besonders starken Niesanfall wurde sogar schon einmal ein Polizeioberwachtmeister mitsamt seinem dunkelgrünen Polizeiauto meterweit durch die Luft geschleudert. Seitdem funktioniert das Blaulicht nicht mehr richtig.

Gott sei Dank niest Herr Fordwengler sehr selten. Außerdem hat er inzwischen gelernt, ziemlich gezielt zu niesen. Aber am Anfang war es wirklich sehr schlimm.

Bis zu seinem dreiunddreißigsten Geburtstag war an Herrn Fordwengler nichts Auffälliges zu entdecken.

Er besuchte die Schule, dann gab ihn sein Vater zu einem Schmied in die Lehre, und als er nach drei Jahren mit der Lehre fertig war, arbeitete er als Fliesenleger.

Jeden Mittwoch ging er in den Kegelclub, jeden Samstag mähte er seinen Rasen wie alle seine Nachbarn auch. Ab und zu nieste er, besonders dann, wenn er erkältet war.

Drei Tage nach seinem dreiunddreißigsten Geburtstag geschah es zum ersten Mal.

Zusammen mit einem anderen Fliesenleger kachelte er gerade das Badezimmer in einem Neubau.

Kurz bevor sie fertig waren, musste er niesen. Es knallte wie bei einer Explosion, die Kacheln wirbelten durcheinander wie ein Mückenschwarm, der Zement spritzte an die Decke und die Fensterscheiben fielen nach draußen.

„Eine Gasexplosion!“, stellte Herr Fordwengler fest und benachrichtigte die Feuerwehr.

Die Feuerwehr suchte das Haus und die Umgebung nach einer undichten Gasleitung ab, konnte aber keinen Fehler finden. Deswegen fuhr sie wieder weg, und Herr Fordwengler und der andere Fliesenleger begannen wieder zu arbeiten. Bis Herr Fordwengler noch einmal niesen musste: Hatschiii. Und diesmal fielen nicht die Fensterscheiben nach draußen, sondern die ganze Badezimmerwand. „Das ist keine Gasexplosion, das bist du!“, rief der andere Fliesenleger und rannte aus dem Neubau.

Herr Fordwengler wollte erst nicht richtig glauben, dass sein Niesen solche Verheerungen anrichten sollte: Deshalb ging er in den Wald, um es ganz allein auszuprobieren. Er setzte sich auf den Waldboden, kitzelte sich mit einer Vogelfeder in der Nase und schaute gleichzeitig in die Sonne. (Ein sicheres Mittel, wenn man unbedingt niesen will.) Gleich darauf knallte es wieder, die Bäume bogen sich zur Seite wie bei einem Wirbelsturm und im weiten Umkreis brachen alle morschen Äste ab. Da wusste Herr Fordwengler genug. Bedrückt ging er nach Hause. Am nächsten Morgen arbeitete er nicht, sondern suchte einen Arzt auf. Dort wollte er ein Mittel gegen Sturmniesen verschrieben haben. Erst lachte ihn der Arzt aus. Aber als ihn Herr Fordwengler zusammen mit allen ärztlichen Instrumenten durch die geschlossene Tür ins Wartezimmer geniest hatte, hörte er auf zu lachen und holte die Polizei.

Was sollte die Polizei machen? Schließlich nieste Herr Fordwengler nicht aus Böswilligkeit. Im Gegenteil, ihm war die Geschichte furchtbar peinlich. So ermahnte man ihn, in Zukunft besser beim Niesen aufzupassen, und schickte ihn nach Hause.

Herr Fordwengler gab sich von nun an zwar beim Niesen große Mühe, konnte aber nicht verhindern, dass bald darauf in seinem Haus die Fensterscheiben fehlten: Er hatte sie hinausgeniest. Er musste deshalb bei offenem Fenster schlafen, was er nicht gewohnt war. Aus diesem Grund erkältete er sich und nieste noch häufiger.

Bald darauf gab es in ganz Redelberg weder Mensch noch Kühe, die nicht schon einmal von Herrn Fordwengler aus Versehen umgeniest worden wären.

Ihm wurde die Sache immer peinlicher, und er wäre bestimmt trübsinnig geworden, wenn er nicht eines Tages den Trick mit dem Eimer entdeckt hätte. Als er wieder einmal merkte, dass er niesen musste, hielt er sich in seiner Verzweiflung einen Eimer vors Gesicht. Er hoffte, dass der Eimer das Niesen dämpfen würde. Zwar wurde dabei der Boden des Eimers hinausgeschleudert und flog wie eine fliegende Untertasse zwei Meter weit, bevor er auf dem Acker einen Kartoffelkäfer erschlug. Aber Herr Fordwengler hatte auf diese Art ein erstklassiges Nieszielrohr bekommen. Denn immer wenn er in Zukunft niesen musste, hielt er sich den Eimer ohne Boden vors Gesicht. So konnte er den Niesstrahl in jede gewünschte Richtung lenken.

Anfangs nieste er immer zwischen seinem Haus und dem Nachbarhaus hindurch aufs freie Feld. Dadurch hat sich an dieser Stelle ein ziemlich tiefer Graben gebildet. Später kam er darauf, dass es günstiger ist, senkrecht in die Luft zu niesen. Das geht natürlich nur im Freien.

Jetzt lebt und arbeitet Herr Fordwengler wieder wie früher. Er nimmt nur überallhin sein Nieszielrohr mit.

Die Leute haben sich schon daran gewöhnt, dass er manchmal unvermittelt auf die Straße rennt, den Eimer ohne Boden nach oben richtet und donnernd hineinniest. Auf diese Weise kommt keiner zu Schaden. Nur ein Sportflugzeug, das zufällig über Redelberg hinflog, soll bei schönstem Wetter unversehens in einen schlimmen Luftwirbel geraten sein und wäre um ein Haar abgestürzt.

Paul Maar

Novemberregen

Große
Tropfen
platschen,
schwere
Tropfen
klatschen
wütend
auf das
Regendach.

Kalter
Wind
wird
wach.
Fegt daher
und peitscht
die Tropfen,
dass sie
umso
wilder
klopfen
wütend
auf das
Regendach.

Mantel-
kragen
hochgeschlagen,
Schirm
vor dem
Gesicht
getragen.

Alfons Schweiggert

Der Wald

Der Lieblingsplatz
Carl Spitzweg, 1849

Ich schenke dir diesen Baum

Ich schenke dir diesen Baum.
Aber nur,
wenn du ihn wachsen lässt,
da wo er steht;
denn Bäume sind keine Ware,
die man einfach mitnehmen kann.
Sie keimen und wurzeln
in unserer alten Erde,
werden hoch wie ein Haus
und vielleicht sogar älter als du.
Ich schenke dir diesen Baum,
das Grün seiner Blätter,
den Wind in den Zweigen,
die Stimmen der Vögel dazu
und den Schatten,
den er im Sommer gibt.
Ich schenke dir diesen Baum,
nimm ihn wie einen Freund,
besuche ihn oft,
aber versuche nicht ihn zu ändern.
So wirst du sehen,
dass du viel von ihm lernen kannst.
Eines Tages sogar
seine Weisheit und Ruhe.
Auch wir sind nämlich Bäume,
die in Bewegung geraten sind.

Harald Braem

172

Der Baum

Zu fällen einen schönen Baum,
braucht's eine Viertelstunde kaum.
Zu wachsen, bis man ihn bewundert,
braucht er, bedenkt es, ein Jahrhundert.

Eugen Roth

Dieser Baum ist knorrig,
weil er alt ist.
Er ist verzweigt,
weil er viel erlebt hat.
Er ist nicht schön,
aber in seinen Zweigen
ist ein Nest.

Klaus Kordon

Bruder Ahorn

**Ich lege mein Ohr
an den Ahorn, fast höre ich
es schlagen, sein Herz.**

Josef Guggenmos

Ein alter Mann
pflanzte kleine
Apfelbäumchen.
Da lachten
die Leute und
sagten zu ihm:
„Warum pflanzt du
diese Bäume?
Viele Jahre werden
vergehen, bis sie
Früchte tragen,
und du selbst wirst
von diesen Bäumen
keine Äpfel mehr
essen können."
Da antwortete
der Alte:
„Ich selbst werde
keine ernten.
Aber wenn nach
vielen Jahren andere
die Äpfel von diesen
Bäumen essen,
werden sie mir
dankbar sein."

Leo Tolstoi

Welches Gedicht gefällt dir am besten? Begründe.

169/171

Die Lebensgeschichte des Baumes

Wenn du in den Wald gehst, kannst du frisch abgesägte Bäume und Baumstümpfe finden. Darauf sind die „Jahresringe“ zu erkennen. Wenn du sie zählst, kannst du das Alter des Baumes ganz genau feststellen. Denn jeder Ring entspricht einem Jahr. Wie sich diese seltsamen Ringe bilden? Das ist ganz einfach! Jeder Baum wächst nicht nur in die Höhe, sondern auch in die Breite. Er wird dicker. Er legt jedes Jahr einen neuen „Gürtel“ Holz um seinen Stamm herum an. Im Frühling und Sommer wächst der Baum schnell und das Holz ist deshalb sehr hell. Im Herbst dagegen wächst er nur langsam. Das ergibt dunkleres Holz. Die dunkleren Ringe auf deinem Baumstumpf sind also Herbstholz.

Von dunklem Ring zu dunklem Ring, von Herbst zu Herbst, verging genau ein Jahr im Leben des Baumes. Vielleicht ist dir schon aufgefallen, dass die Ringe auf Baumstümpfen oder Stämmen unterschiedlich groß sind. Daran kann man ablesen, wie es dem Baum in seinem Leben ergangen ist. Jeder Baum hat in seinen Stamm sozusagen seinen Lebenslauf geschrieben. Ein gutes Wachstumsjahr war, wenn die Ringe gleichmäßig sind. Ein besonders gutes, wenn sie breiter sind. Der Baum hatte in diesem Jahr sehr viel Sonne, Wasser und Nährstoffe. Deshalb konnte er besonders gut wachsen. Schmale Ringe dagegen erzählen dir von schlechten Jahren. Da war es zum Beispiel sehr trocken oder der Baum wurde von Schädlingen befallen und war krank.

Schwammerl

Marie geht mit ihrem Opa im Wald spazieren. Unter einem Baum sieht sie einen schönen großen Pilz stehen. Sofort will sie ihn pflücken. „Weißt du, ob man diesen Schwammerl essen kann?“, fragt der Opa sie. Marie versteht nicht, warum das jetzt schon eine Rolle spielen soll. Sie kann doch später jemanden fragen, ob sie einen essbaren Pilz gefunden hat. Dass es auch giftige Pilze gibt, die man auf keinen Fall verspeisen kann, weiß sie natürlich selbst. Doch ihr Opa ist da ganz anderer Meinung. „Pilze oder Schwammerl, wie wir sie hier in Bayern nennen, haben im Wald eine wichtige Funktion. Man sollte sie nie grundlos ausreißen. Am besten wir schauen uns zu Hause mal einen Pilzführer an. Darin erfährst du einiges über die verschiedenen Pilzarten.“

Der Spätsommer ist die Zeit der Pilze. Dann erscheinen am Fuß der Waldbäume überall ihre Hüte. Entfernt man behutsam die Laubstreu um einen solchen Pilz, findet man feine, weiße Fäden im Boden. Meist sind sie dicht miteinander verflochten. Dieses unterirdische Pilzgeflecht ist der eigentliche Pilzkörper. Der oberirdische Teil des Pilzes, der Fruchtkörper, dient nur der Vermehrung. Häufig gliedert er sich in einen Hut und einen Stiel.

Grüner Knollenblätterpilz, *giftig!*
Kommt im Laubwald vor, meist unter Eichen, Hutoberseite hellgrün bis olivgrün, Lamellen stets weiß

Maronenröhrling, *essbar*
Kommt im Nadel-, seltener im Laubwald vor, Hut dunkelbraun, Röhren angewachsen, blassgelblich bis olivgrün

Sammle weitere Informationen über Pilze.

Die kleinen Beschützer des Waldes

Förster Grünholz wollte gerade vom Waldweg abbiegen, als ihn lachende Kinderstimmen aufhorchen ließen. Neugierig lugte er hinter einem dicken Fichtenstamm hervor. Doch was er entdeckte, brachte sein Blut in Wallung: Wenige Schritte entfernt standen zwei Jungen, Axel und Rainer, vom Dorf. Mit langen Haselnussstöcken stachen sie auf einen Ameisenhügel ein, den er, der Förster, erst vor einigen Tagen mit einer Haube aus Holzpflöcken und Maschendraht geschützt hatte.

„Halt!“, schrie er außer sich und stand mit ein, zwei Sätzen bei den Jungen, die vor Schreck ihre Stöcke fallen ließen. „Schämt ihr euch nicht, die kleinen Ameisen zu überfallen, die sich nicht wehren können?“

Die beiden schauten schuldbewusst auf den beschädigten Nadelhaufen.

Die aufgestörten Ameisen wimmelten verzweifelt durcheinander und versuchten ihre weißen „Eier“ in Sicherheit zu bringen.

„Ja, schaut nur, was ihr angerichtet habt!“, zürnte Förster Grünholz. „Was denkt ihr wohl, wozu ich die Drahthaube errichtet habe? Zum Zeitvertreib, he?“

Axel und Rainer wagten nicht, dem Förster ins Gesicht zu schauen. Dieser hätte sie am liebsten mit ihren Haselnussstöcken verhauen, doch dann überlegte er es sich anders: „Wisst ihr überhaupt, was die Ameisen Gewaltiges und Nützliches leisten?“, fragte er die Buben.

Die beiden dachten angestrengt nach. „Nun“, unterbrach der Förster ihr Schweigen, „ich glaube, ich muss eurem Gedächtnis wohl nachhelfen. Also kommt!“

Er führte die Jungen ein kurzes Stück von dem Ameisenhügel weg an eine freie Stelle des sonst überwachsenen Waldbodens und ließ sie dort niederknien.

„Eine Ameisenstraße!“, entdeckte Rainer sogleich.

„Ja“, bestätigte der Förster, „seht sie euch ruhig einmal näher an.

Axel und Rainer schauten gebannt dem unablässigen Hasten und Treiben der kleinen Tierchen auf dem schmalen, glatten Pfade zu.
Allein oder zu zweit schleppten und zogen sie Tannennadeln, Harzklümpchen und getrocknete Grashalme in Richtung ihres Hügels, selbst Holzästchen, die größer und schwerer waren als sie selbst. Nur gelegentlich ruhten sich einzelne kurz aus, um dann mit frischer Kraft ihre Last weiterzubefördern.
„Dies alles wird als Baumaterial verwendet", erklärte der Förster, „denn je höher der Ameisenhügel wächst, umso aufnahmefähiger wird er für die Sonnenstrahlen. Er dient nämlich als Wärmespeicher für kühlere Tage."
„Und was tun die Ameisen, die nichts bei sich tragen?", fragte Axel.
„Oh", entgegnete der Förster, die gehen keineswegs nur spazieren. Sie halten winziges Ungeziefer zwischen ihren Kieferzangen oder bringen den Arbeiterinnen zu Hause süßen Nahrungssaft."
„Ah ja", fiel es Rainer wieder ein, „die Ameisen melken Blattläuse."
„Richtig!", nickte der Förster.
„Diese saugen zuvor den Zuckersaft aus Blättern und Zweigen von Sträuchern. Und jetzt passt auf", unterbrach er sich, „welche Jagdbeute nun herbeigeschleift wird!"
In der Mitte des Pfades mühten sich fünf Ameisen mit einer prallen, grauweißen Raupe ab. Zentimeter um Zentimeter schoben und zerrten sie die leblose Walze vorwärts.
„Einen ganz besonders gefährlichen Schädling haben sie da wieder zur Strecke gebracht!", stellte der Förster befriedigt fest. „Solche Raupen würden ganze Kiefern und Tannen kahl fressen, wenn sie in den tapferen Ameisen keine unerbittlichen Feinde hätten."
„Aber die Raupen sind doch viel stärker", warfen die Jungen ein. „Wie ihr seht, nicht immer!", lächelte der Förster. „Wenige Ameisen genügen, um einem solchen Schmarotzer* mit tödlichen Bissen den Garaus zu machen."

**Schmarotzer sind Tiere, die auf Kosten anderer leben.*

„Da bringen sie schon wieder eine!“, machte Axel seinen Freund aufmerksam.

Währenddessen griff sich der Förster eine einzelne Ameise und zeigte den Jungen den winzigen Käfer, den diese in seine offene Handfläche fallen gelassen hatte.

„Ein Borkenkäfer“, sagte er nachdenklich. „Könnt ihr euch denken, wo ihn die Ameise aufgespürt hat?“

„Unter einer Baumrinde!“, ereiferte sich Rainer. „Dort gräbt er viele Gänge, dass die Rinde von innen wie die Seite eines Buches aussieht. Deshalb nennt man ihn auch Buchdrucker.“

„Woher weißt du das so genau?“, fragte der Förster anerkennend.

„Von unserem Lehrer!“, erwiderte Rainer stolz.

„Dann hat er euch sicher auch erzählt, welch große Gefahr der Borkenkäfer für den Wald bedeutet“, sagte der Förster. „Und wieder sind es die Ameisen, die ihm das Handwerk legen.“ Dabei setzte er die gefangene Ameise wieder auf den Pfad, wo sie eilig im allgemeinen Gewusel untertauchte.

Schade, dass Förster Grünholz kein Vergrößerungsglas bei sich trug, sonst hätte er den Jungen noch unzählige weitere Insekten, Würmchen und Larven, die die Ameisen als Nahrung erbeutet hatten, zeigen können.

„Fast alles sind Schädlinge“, erzählte er, als sie zum Ameisenhügel zurückkehrten. „Wir Menschen könnten unsere Wälder gar nicht so wirkungsvoll schützen, wenn uns nicht Hunderttausende von Ameisen unterstützten!“

Am Hügel waren die Spuren, die die Jungen mit ihren Stöcken hinterlassen hatten, zum Teil von den Tierchen schon wieder verwischt worden.

„Ein Glück“, sagte der Förster, dass ich euch noch rechtzeitig bei eurer Untat ertappt habe! Na also“, fuhr er fort, als Axel und Rainer stumm nickten, „von umherstreunenden Tieren kann man nicht erwarten, dass sie die Ameisen in Frieden lassen. Aber ich erhoffe das in Zukunft von euch!“

Damit entließ er die beiden.

Nils Völter

Der Wald und seine Tiere

Viele Tiere leben im Wald. Der Wald bietet seinen Bewohnern gute Schlupflöcher und sichere Verstecke für den Bau ihrer Nester. Zahlreiche Tiere leben zum Beispiel in den Bäumen. Dort können sie, vor Feinden geschützt, ihre Jungen aufziehen. Im Sommer spenden die Bäume Schatten, im Winter bieten sie Schutz vor Kälte und einen Zufluchtsort zum Überwintern.
Der Wald liefert allen dort lebenden Tieren ein reiches Nahrungsangebot. Von den Blättern, Nüssen und Früchten der Bäume und Pflanzen ernähren sich die Insekten. Die Insekten werden ihrerseits von anderen kleinen Tieren gefressen, zum Beispiel von Vögeln. Diese wiederum locken Raubtiere und Raubvögel an.
Wenn Pflanzen und Tiere sterben, verwesen sie mit Hilfe von Bakterien und werden zu fruchtbarer Erde, auf der neue Pflanzen heranwachsen.

Die Jägersprache

Die Jägersprache ist eine Fachsprache, die sich im Laufe vieler Jahrhunderte entwickelt hat. Oft verwenden wir in unserer Umgangssprache Begriffe aus der Jägersprache, z. B. wenn wir drohen, jemandem ein paar hinter die Löffel zu geben, wenn die Lehrerin bei den Kindern auf den Busch klopft um die Leistung zu überprüfen, wenn jemand aufs Korn genommen wird oder einem ein Geschäft durch die Lappen geht.

Der Hase in der Jägersprache

Beispiele aus der Jägersprache:

die ***Einfahrt***: die Eingangsröhre eines Baues, z. B. vom Fuchsbau

der ***Fächer***: Schwanz des Auerhahnes

die ***Locke***: Instrument zum Nachahmen von bestimmten Vogellauten

der ***Platzhirsch***: der stärkste Hirsch eines Brunftplatzes

die ***Teller***: Ohren des Schwarzwildes

winden – mit Hilfe des Geruchssinnes etwas wahrnehmen

sichern – das Wild sichert, wenn es aufmerksam das Gelände und den Wind prüft

vergrämen – Wild stören und vertreiben

Redensarten

Dort sagen sich Fuchs und Hase gute Nacht.
Schlau wie ein Fuchs sein.
Fuchsteufelswild werden.
Mühsam ernährt sich das Eichhörnchen.
So fleißig wie ein Eichhörnchen sein.
Munter wie ein Reh sein.
Vor lauter Bäumen den Wald nicht mehr sehen.
Wie man in den Wald hineinruft, so tönt es heraus.

Kennst du weitere Begriffe aus der Jägersprache? Oder: Kennst du andere Redensarten zum Wald?

Der letzte Baum

Auf einem hohen Hügel war ein Wald gewachsen. Die Bäume wiegten sich zufrieden im Wind. In den Kronen bauten die Vögel ihre Nester. Die Bäume ließen sie gerne gewähren. Ein bisschen Sonne, saubere Luft und mindestens ein Vogelnest, mehr braucht ein Baum nicht zu seinem Glück. Einmal kam ein Mensch in diesen Wald. Er hatte keinen bestimmten Plan, trug ganz einfach eine große, scharfe Axt bei sich. Mit dieser Axt fällte er einen Baum und baute sich daraus ein Haus. Es war ein schönes, großes Haus! Im Haus gab es einen Ofen und der Mann heizte mit Holz. Wo er dieses Holz hernahm? Er fällte weitere Bäume. Im Haus war es jetzt gemütlich warm. Diese Wärme lockte eine Frau herbei. Zunächst spähte sie nur so durchs Fenster, dann zog auch sie in das Haus ein. Nach einer gewissen Zeit war das Haus voll von Kindern. Den Kindern ging es gut, sie waren geschickt und bald schon selber groß. Sie bauten ihre eigenen Häuser. Auch sie hatten bald schon ihre winzig kleinen Kinder. Mit der Zeit gab es auf dem Hügel mehr Häuser als Bäume. Schließlich, es hatte gar nicht so lange gedauert, war nur noch ein einziger Baum übrig geblieben. Der letzte Baum. Der letzte Baum blickte traurig durchs Fenster in das Haus des Mannes mit der Axt. Als wollte er ihm sagen: Warum bist du bloß in unseren Wald auf dem Hügel gekommen. Der Mann mit der Axt tat, als sähe er nichts, aber er fühlte sich nicht wohl.

Mit den Bäumen waren auch die Vögel verschwunden und mit den Vögeln war etwas verschwunden, von dem niemand genau sagen konnte, was es eigentlich war. Aber es war weg. Unwiederbringlich!

Es gab auch nichts mehr, womit man hätte heizen können, weil es nun keine Bäume mehr gab. Die Menschen in den Häusern froren entsetzlich.

Sie zogen anderswohin, die verlassenen Häuser zerfielen, wurden rasch vom Zahn der Zeit zerfressen. Auf dem Hügel waren einzig der alte Mann mit der Axt und der letzte Baum übrig geblieben. Sie sahen sich unentwegt an, obwohl sie nichts mehr zu erwarten hatten. Der Mann seufzte lange.

Er nahm seine Axt und fällte den Baum. Kurz danach hatte er im Ofen auch das allerletzte Scheit verbrannt. Er war jetzt völlig allein auf dem Hügel. Er war traurig und er fror.

Vermutlich ist er erfroren. Es ist aber ebenso gut möglich,
dass er vor lauter Wehmut gestorben ist.
Es ist unendlich traurig, allein auf einem Hügel zu leben.
Jetzt ist dort gar niemand mehr.
Kein Baum, kein Mensch,
kein Vogel!

Petr Chudožilov

Waldsterben – was ist das?

Es begann etwa im Jahr 1970. Ganz plötzlich und ohne erkennbaren Grund wurden überall Tannen in großer Zahl krank. Ihnen folgten die Kiefern und Fichten und schließlich auch die meisten Laubbaumarten des Waldes.

Heute sind alle Wälder auf der nördlichen Erdhalbkugel durch diese rätselhafte Krankheit in größter Gefahr!

Das Waldsterben macht nicht nur die Blätter oder Nadeln krank, sondern den ganzen Baum von Kopf bis Fuß.

Sein Wachstum wird gestört und auch der Wassertransport in seinem Stamm.

Besonders schlimm sind die Schäden an seinen Wurzeln.

Die feinsten von ihnen, die Saugwurzeln, versorgen ihn mit Wasser und Nährsalzen aus der Erde.

Sie sterben rasch ab und werden immer wieder neu gebildet – das ist ganz natürlich.

Der kranke Baum aber kann sie kaum oder gar nicht mehr nachwachsen lassen.

Mit der Zeit muss er verhungern und verdursten.

Die Verantwortung dafür tragen wir Menschen. Pflanzen sind empfindlicher als wir. Sie werden schneller krank von all den schädlichen und oft auch giftigen Stoffen, mit denen wir rücksichtslos unsere Umwelt mehr und mehr belasten.

Das war nicht gleich zu merken, als man damit begann, Ruß, Staub und Abgase von Fabriken und Autos in die Luft zu schicken.

Im Gegenteil: Der Wald wurde lange Zeit als Luftfilter gerühmt, weil er die verschmutzte Luft durch seine Blätter und Nadeln wieder reinigen konnte.

Aber Bäume können nicht jede Menge Dreck und Gift verkraften – und auch nicht endlos lange.

Inzwischen werden aus Millionen Schornsteinen und Auspuffrohren so viele verschiedene Schadstoffe in die Luft geblasen, dass der Wald daran erstickt.

Hätten sie doch alle grelle Farben und würden sie scheußlich stinken!

Dann ginge man sicher vorsichtiger mit ihnen um. Aber die meisten von ihnen steigen unsichtbar und geruchlos zum Himmel auf.

In der Luft werden sie vom Wind vermischt und über alle Länder und Grenzen hinweg weit verteilt.

Manche dieser giftigen Gase verbinden sich mit den Wassertröpfchen in der Luft. Dabei entstehen Säuren. Regen, Nebel und Schnee können durch sie so sauer werden wie der Saft einer Zitrone!

Bestimmt hast du schon vom sauren Regen gehört. Er ist eine der Hauptursachen für das Waldsterben.

Die Säure verletzt nicht nur die Blätter und Nadeln. Sie schadet vor allem den unzähligen Lebewesen im Waldboden und den Saugwurzeln der Bäume.

Natürliche Lebensräume, die den Giften in Luft und Regen besonders lang ausgesetzt sind, müssen am meisten davon schlucken. So ist es auch beim Wald. Seine Bäume werden ja älter als alle anderen Pflanzen und als die Tiere.

Aber auch wir Menschen sind ein Teil der Natur. Wie lange werden wir noch in einer vergifteten Umwelt leben können?

Trotzdem tragen wir alle weiter dazu bei, dass sich unsere Umwelt so gefährlich verändert. Denn auch du und ich gehören ja zu der großen Gesellschaft von Menschen, die bequem leben und immer mehr haben will.

Unser angenehmes Leben belastet die Natur auf vielerlei Weise.

Ein Beispiel dafür ist unser hoher Verbrauch an Energie.

Wir halten es für selbstverständlich, dass unsere Wohnungen gemütlich warm und hell erleuchtet sind und dass für unsere vielen, vielen elektrischen Geräte jederzeit Strom aus der Steckdose kommt.

Fast alle Dinge, die wir kaufen, werden mit Hilfe von Maschinen hergestellt und verpackt – dafür ist noch viel mehr Energie nötig.

Und kein Auto kann fahren ohne die Energie, die im Benzin steckt.

Bei jeder Energiegewinnung durch Verbrennung entstehen giftige Gase, die irgendwo in die Luft geblasen werden.

Man sagt, die Kraftwerke, die uns Strom liefern, seien die größten Umweltverschmutzer. Aber schließlich produzieren sie nur so viel Strom, wie verbraucht wird – und zwar von uns allen! Wenn alle an etwas beteiligt sind, kann auch jeder Einzelne etwas ändern. Zum Beispiel an seinem oft gedankenlosen Verbrauch von Energie.

Machst du mit?

Irmgard Lucht

Wie kannst du mitmachen?

Sammle Informationen zum Thema Waldschäden. Du kannst Erwachsene fragen oder in Zeitungen und Sachbüchern nachlesen. Vielleicht findest du auch etwas dazu im Internet.

185

Ein Barfuß-Klassenzimmer-Mandala

Kennt ihr ein Mandala?
Habt ihr schon mal eines ausgemalt?
Das sind Kreise mit Mustern, die man in aller Ruhe und mit aller Konzentration ausmalt.
Bei einem Barfuß-Mandala muss nichts ausgemalt werden, doch konzentrieren müsst ihr euch auch. Denn ihr sollt versuchen, verschiedene Materialien mit den Füßen zu ertasten.

Ihr braucht etwa 24 Pappkartons.
Die Kartons sollten ungefähr doppelt so groß wie ein Schuhkarton sein.
Stellt die Kartons so aneinander, dass kein Zwischenraum bleibt. Das ist der Grundstein für euer Barfuß-Mandala.
Es ist zwar nicht rund, aber das macht nichts.

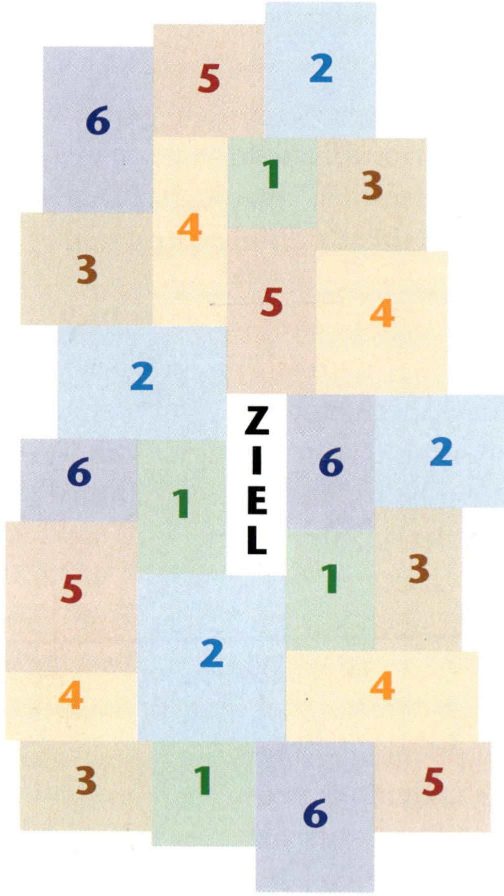

Jetzt braucht ihr noch verschiedene Materialien für die Füllung, zum Beispiel:
Moos (1)
Feldsteine (2)
trockene Kiefernäste (3)
Laub (4)
Baumrinde (5)
Kiefernzapfen (6)
Am besten, ihr verabredet euch mit einem Förster, der weiß genau, wo ihr im Wald die tollsten Sachen für euer Spiel findet. Vier Kinder sollten immer das gleiche Material sammeln.
Wieder in der Schule, füllt die Kartons mit euren Waldmaterialien.

Verbindet einem Kind die Augen.
Lasst es barfuß durch euer Mandala wandern. Ruft ihm ein Material zu: Moos! Nun muss es sich langsam durch die Kartons tasten.
Wenn alle Kinder ein Gefühl für das Spiel bekommen haben, könnt ihr auch mit drei Spielern zugleich spielen. Dann müssen alle das gleiche Material finden.
Wer es zuletzt unter den Füßen hat, scheidet aus.

Roland Boljahn

Familien sind verschieden

Sternenhimmel
Vincent van Gogh, 1888

Alles kann man nicht sagen

Wenn man eine Sternschnuppe sieht,
kann man sich etwas wünschen.
Aber man darf es nicht sagen,
weil es sonst nicht in Erfüllung geht.

Wenn ich mir wünsche, dass du mich
ganz unerwartet an dich ziehst
und mir über die Haare streichst,
kann ich es nicht sagen.

Wenn ich es sagen würde
und du es dann tätest,
wäre es überhaupt nicht,
was ich mir gewünscht habe.

Martin Auer

Spätschichttage sind Spagettitage

Den Wohnungsschlüssel findet Helga tief in ihrer Schultasche. Schnell die Tür aufgeschlossen. „Gabi!“, ruft sie. Aber die Schwester antwortet nicht. Kann sie auch gar nicht, fällt Helga ein. Heute ist Donnerstag. Gabi hat länger Schule. Auf dem Esstisch in der Küche liegt ein Zettel:

Das Geld liegt abgezählt neben dem Einkaufszettel. Helgas Mutter schafft das Einkaufen nicht. Sie arbeitet ja bis Mittag in der Bank. Helga weiß noch genau, wann sie dort angefangen hat. Das ist erst drei Monate her. Eigentlich wollte sie nicht, dass ihre Mutter zur Arbeit geht. Aber Mutter hat Helga erklärt: „Weißt du … mein Gehalt können wir gut gebrauchen. Wir möchten uns doch mal eine größere Wohnung leisten. Die wird teurer als diese hier.“ Eine größere Wohnung wäre schön, hat Helga gedacht. So eine mit einem Zimmer für mich. Aber dass Mutter deswegen arbeitet und mittags nicht da ist, das will ich nicht. Ihre Mutter hat aber noch was gesagt: „Ich arbeite nicht nur, damit wir mehr Geld haben. Wirklich. Du … ich möchte einfach öfter unter Leute kommen, nicht nur den Haushalt haben, was anderes hören und sehen … Verstehst du das?“ „Nee!“ Helga hat den Kopf geschüttelt. Wieso muss ihre Mutter unter Leute kommen, was anderes hören und sehen? Sie hat Helga, Gabi und Papi. Das sind doch drei Leute. Die reden wirklich genug.

Als ihre Mutter gemerkt hat, dass Helga das nicht versteht, hat sie gesagt: „Du möchtest bestimmt auch nicht immer nur hier zu Hause sein. Das wäre dir sicher manchmal langweilig.“ Da hat Helga genickt und gestaunt. Sie hätte nämlich nie gedacht, dass es ihrer Mutter zu Hause genauso langweilig werden könnte wie ihr. Jedenfalls arbeitet Mutter jetzt wieder als Bankkaufmann. Den Beruf hat sie nach ihrer Schulzeit gelernt. Helga sagt: „Du bist kein Bankkaufmann. Du bist eine Bankkauffrau.“

Schade, dass Papi nachher nicht beim Mittagessen da ist, denkt Helga. Er kommt erst um halb fünf. Hat er besonders viel zu tun, macht er Überstunden. Dann kann es sogar sechs oder sieben Uhr werden. Aber wenn er Spätschicht hat, isst er mittags zu Hause. Und danach geht er zur Arbeit. Dafür kommt er leider auch erst nachts zurück, wenn Helga schläft. An solchen Tagen kocht Papi das Mittagessen. Sie steht dann neben ihm in der Küche. Er kocht gerne Spagetti. Und Helga isst gerne Spagetti. Spätschichttage sind also oft Spagettitage. Deswegen sagt sie: „Bis zum Mittagessen finde ich's gut, dass Papi Spätschicht hat.“ Bestimmt könnte er ein guter Spagettikoch von Beruf sein. Aber er ist Buchdrucker in einer großen Druckerei. Seine Kollegen und er drucken Bücher, Plakate und Prospekte. Helga guckt auf die Küchenuhr. Ich soll einkaufen, fällt ihr ein. Bald kommt ihre Mutter. Hoffentlich hat sie ein bisschen Zeit zum Quatschen. Aber oft gibt es für sie zu Hause erst mal so viel zu tun, dass sie nur wenig Zeit hat. Zum Glück sind die Banken am Sonnabend geschlossen, denkt Helga. Und an Sonntagen sowieso. Nur schade, dass in der Druckerei am Sonnabend manchmal gearbeitet wird.

Achim Bröger

Wie sehen die Tagesabläufe bei dir zu Hause aus?
Hast du auch Pflichten?

Wenn Mama ins Büro geht

Wenn Mama ins Büro geht
und Papa bleibt zu Haus,
dann schaun die Leute komisch
und kennen sich nicht aus.

Sie tuscheln und sie wispern:
Was ist das für ein Mann?
Ist er so faul oder so krank,
dass er nicht arbeiten gehen kann?

Der Papa lacht darüber nur,
ist nicht mehr ärgerlich.
Am Anfang hat es ihn gewurmt,
das hat er hinter sich.

Dass er bei mir zu Hause bleibt,
haben wir so besprochen.
Ich bin ja jetzt schon ziemlich groß
und helfe ihm beim Kochen.

Dann essen wir und waschen ab,
versuchen aufzuräumen.
Der Papa liest mir etwas vor,
wir spielen und wir träumen.

Am Nachmittag gehn wir hinaus
mit meinen Sandspielsachen.
Manche Mütter schaun erstaunt,
wenn wir Schlammkuchen machen.

Und kommt die Mama abends heim,
haben wir viel Spaß.
Der Papa macht die Leute nach
und murmelt dies und das.

Dann sagt die Mama: „Seid mal still
und hört auf meinen Magen!"
Da beginnen wir geschwind
das Essen aufzutragen.

Wir sitzen um den runden Tisch,
sind hungrig wie drei Raben
und essen Käse, Speck und Brot –
vergnügt, dass wir uns haben.

Georg Bydlinski

Das Bild

Annika stützt den Kopf in die Hände. So sitzt sie im Zeichenunterricht. Die anderen Kinder zeichnen. Frau Müller geht durch die Klasse. Annika soll ihre Familie zeichnen.
Sie denkt nach. Zu ihrer Familie gehört Eli, das ist ihre Mutter, und dann sie selbst, Annika.
Kerstin zu Annikas Linken zeichnet ihre Mutter und ihren Vater. Jetzt muss sie noch ihren Bruder zeichnen und sich selbst.
Lisa zu Annikas Rechten hat keine Geschwister.
Sie muss die Mutter, den Vater und sich selbst zeichnen.
Frau Müller kommt zu Annikas Tisch: „Was ist los, Annika? Zeichnest du nichts?“
Annika beginnt zu zeichnen. Sie zeichnet eine Frau. Das ist Eli. Dann überlegt sie: Gehört Christian zu ihrer Familie oder nicht? Eigentlich gehört er dazu, denn Christian ist Annikas Vater.
Genau genommen gehört er zu seiner Freundin, mit der er zusammenlebt.
Es läutet in die Pause. Annika legt die Zeichnung in den Zeichenblock. Sie muss sie für die nächste Zeichenstunde fertig machen.
Annika zeichnet zu Hause weiter. Ob Christian auf das Bild kommt, weiß sie immer noch nicht. Erst zeichnet sie sich selbst.
Sie geht ins Badezimmer. Sie muss auf den Zehenspitzen stehen, wenn sie sich im Spiegel sehen will. Sie betrachtet sich im Spiegel.

Eines ist klar: Die blauen Augen hat sie von Christian. Der hat auch blaue Augen. Annika geht wieder an ihre Zeichnung. Sie malt der Annika vom Bild große blaue Augen. Eli guckt ihr über die Schulter.
„Christian gehört doch eigentlich auch aufs Bild, oder?“, fragt Annika.
„Nein, Christian gehört nicht zu uns“, sagt Eli.
Annika zeichnet Berge auf das Blatt, damit es nicht so leer ist. Hinter die Berge malt sie einen kleinen Mann. Der kleine Mann ist ganz weit weg.
Aber er ist da.

Karin Gündisch

Eine richtige Familie

Papa sitzt mit Fabian und Franziska beim Frühstück. Mama ist bis Freitag verreist. „Ohne Mama sind wir gar keine richtige Familie“, sagt Fabian und sieht ein bisschen traurig aus. „Oh je“, sagt Franziska, „meine Freundin Lisa hat gar keine Mama. Nur einen Papa. Ist das keine richtige Familie?“ „Doch“, antwortet Papa. „Lisa und ihr Papa sind eine ganz richtige Familie.“ Fabian erzählt: „Frank aus meiner Klasse hat zwei Mamas!“ Da fällt auch Franziska noch etwas ein: „Fanny und Paul haben sogar zwei Mamas und zwei Papas.“ „Und Felix hat eine Mama und eine Oma“, sagt Fabian. Franziska denkt nach. „Jörg und Jessica haben keine Mama und keinen Papa. Nur Opa und Oma“, erzählt sie. „Ist das eine richtige Familie?“, fragt Fabian. „Aber ja“, antwortet Papa. „Alle, die sich lieb haben und füreinander sorgen, sind eine Familie.“

Karin Schupp

Füreinander da sein
Alles sagen können
Morgens zusammen frühstücken
Irgendwo zu Hause sein
Laut weinen dürfen
Im Notfall zusammenhalten
Erzählen, was man gemacht hat

Freundlich miteinander sein
Aber auch streiten dürfen
Miteinander viel machen
Immer alles sagen dürfen
Lange schlafen können
In die Ferien fahren
Eltern haben, die mich mögen

Wer gehört alles zu deiner Familie?

Was bedeutet es für dich, eine Familie zu sein?

172

Das geht Frau Neugebauer überhaupt nichts an

Als Hannes aus der Schule kommt, spielt Anne gerade im Kinderzimmer mit ihrem Bauernhof und ihren Holztieren. Hannes stürmt ins Zimmer, knallt den Schulranzen auf den Boden und legt sich mit seinen schmutzigen Schuhen aufs Bett.

„Mann, du bist vielleicht schlecht gelaunt!", ruft Anne. „Hat dich der Lehrer geärgert?"

„Nein!"

„Die anderen Kinder in der Schule?"

„Quatsch!"

„Wer denn dann?"

„Die Mama."

„Die Mama! Unsere Mama?"

Anne wird neugierig, hört auf zu spielen und setzt sich neben Hannes aufs Bett. „Was hat sie denn gemacht? Erzähl doch mal!"

Erst will Hannes nicht, aber als Anne weiter drängt, sagt er zögernd: „Sie hat sich mit Frau Neugebauer über mich unterhalten."

Anne ist richtig enttäuscht. Sie hat wohl etwas ganz Grässliches erwartet. „Das ist alles?", fragt sie. „Was soll denn daran schlimm sein?"

„Siehst du, du verstehst überhaupt nichts. Ich hab's ja gleich gewusst." Hannes ist sauer. „Du bist eben noch zu klein."

„Du kannst es mir ja erklären", meint Anne. „Darf sie sich denn nicht unterhalten?"

„Sie soll sich ja ruhig unterhalten. Aber nicht über mich. Und schon gar nicht, wenn ich dabei bin. Und das hat sie", erklärt Hannes.

„Ach so. Haben sie über mich auch was gesagt?", will Anne wissen.

„Bestimmt! Ich hab's zwar nicht gehört. Aber bestimmt haben sie über dich auch geredet."

„Was denn?"

Anne ist ganz gespannt.

„Vielleicht, dass du immer so spät aus dem Kindergarten kommst ..."

„Das ist ja gemein!", ruft Anne.

„... oder dass du neulich nachts ins Bett gemacht hast ..."

„Das ist ganz, ganz gemein, dass Mama das weitersagt", ruft Anne wütend. „Das war doch nur, weil ich geträumt habe, ich sitze auf dem Klo, und da ..."

Hannes unterbricht sie.

„Vielleicht hat sie es ja auch gar nicht gesagt. Ich hab dir doch gerade erklärt, dass ich nicht gehört habe, was sie über dich erzählt hat. Ich hab nur gehört, wie sie sich über mich unterhalten haben."

„Was hat Mama denn über dich erzählt?"

„Als ich die Treppe hochkam, hat sie sich mit Frau Neugebauer unterhalten. Ich hab noch gehört, wie sie ihr das von dem Diktat mit neununddreißig Fehlern erzählt hat.

Das wäre bis jetzt mein absoluter Rekord."

„So was!", sagt Anne mitfühlend. „Das ist aber nicht nett von Mama."

„Das finde ich auch! Das geht Frau Neugebauer überhaupt nichts an", sagt Hannes und setzt sich auf. Er findet es tröstlich, dass seine Schwester ihn versteht.

„Und weißt du, was Frau Neugebauer zu mir gesagt hat, als ich an ihr vorbeiging? ‚Na, Hannes, was hört man da von dir? Neununddreißig Fehler!'"

Anne überlegt. „Sag Mama halt, sie soll das nicht mehr machen", schlägt sie vor.

„Dann heißt es nur wieder, ich wäre so schnell beleidigt", sagt Hannes beleidigt.

„Dann sag ich es eben", beschließt Anne. „Jetzt gleich, beim Mittagessen."

Das ist aber gar nicht so einfach. Denn vor dem Mittagessen hört Mama erst mal Papa zu. Danach schaut er auf die Uhr, wie jeden Mittag, und sagt: „Höchste Zeit, ich muss mich beeilen, die Mittagspause ist fast schon um." Er zieht seine Jacke an und fragt nebenbei, wie jeden Mittag: „Und ihr? Wie geht's euch?"

Aber diesmal antworten Hannes und Anne nicht wie sonst: „Gut!" Nein, Anne sagt laut und deutlich: „Schlecht!"

„Schlecht?", sagt Papa verblüfft und setzt sich wieder hin. „Warum denn? Hast du Ärger gehabt?"

„Ich nicht, der Hannes", sagt Anne.

„Wieder Ärger in der Schule?", fragt Papa Hannes.

„Nein, er hat sich über Mama geärgert", antwortet Anne an seiner Stelle.

„Über mich? Ist das wahr?", fragt Mama erstaunt.

„Du hast der Frau Neugebauer weitererzählt, dass ich ein schlechtes Diktat geschrieben hab", sagt Hannes leise.

„Das hat dich geärgert? Aber du hast dich doch viel weniger über das Diktat aufgeregt als wir."

„Ich mag es aber nicht, dass es jetzt Frau Neugebauer weiß und vielleicht weitererzählt", erklärt Hannes.

„Ach, das tut sie doch nicht. Sie ist doch keine Klatschbase", beruhigt Mama ihn.

Jetzt mischt sich auch Papa ins Gespräch. „Ehrlich gesagt, ich hätte es auch nicht sehr gerne, wenn du ihr irgendwelche Dinge aus dem Geschäft weitererzählst", sagt er zu Mama.

Paul Maar

Warum Opa einen Mordshunger bekam

Am ersten Tag nach den großen Ferien kam Michael aus der Schule und richtete Opa Grüße aus. Grüße der Lehrer. Opa war nämlich bis zum Ende des vergangenen Schuljahres auch Lehrer an Michaels Schule gewesen. Jetzt saß er hinter der Zeitung. Er sagte nichts. Er räusperte sich nur.

Mutti winkte Michael hinaus in den Flur. Sie hielt den Finger vor den Mund und ging mit ihm in den Garten. Dort, wo Opa sie nicht hören konnte, sagte sie leise: „Opa hat's heute nicht leicht. Er ist noch nicht drüber weg, dass er in der Schule nicht mehr gebraucht wird. Dass er jetzt zu den Alten gehört. Nimm darauf Rücksicht, ja?" Sie seufzte. „Er hat heute gar keinen Appetit. Er hat zum Frühstück nur einen Kaffee getrunken. Nichts gegessen. Und er hat schon angekündigt, dass er zu Mittag auch nichts essen will ..." Nein, er aß nichts. Er war gar nicht da. Kurz vor dem Essen war er in den Wald spazieren gegangen.

Kaum war Michael mit dem Nachtisch fertig, sprang er auf und lief auch in den Wald. Er kannte Opas Waldwege ziemlich genau. Er hatte ihn ja schon oft begleitet. Diesmal musste er aber doch eine Weile suchen. Endlich entdeckte er ihn auf einem Hügel, von dem man eine weite Aussicht hatte. Dort saß er auf einem großen Stein und schaute in die Weite. „Na, du?", sagte er, als Michael zu ihm heraufgekeucht kam, rückte ein Stück zur Seite und bot ihm den Platz neben sich an. Michael setzte sich, lehnte sich an Opa und sagte:

„Du, ich wollte dich was fragen: Jetzt hast du doch so viel Zeit. Ich hab schon immer von einem Teich im Garten geträumt, einem richtigen kleinen Teich. Unser Lehrer nennt das ein Nassbiotop. Mit Fröschen und Salamandern und so, weißt du, und Schilf und Libellen und kleinen Fischen. Allein schaff' ich das nicht, denn das ist eine wahnsinnige Arbeit. Hilfst du mir dabei? Vor allem bei der Planung und beim Ausheben. Du verstehst doch eine Menge davon ..."

Opa sagte lange gar nichts. Dann räusperte er sich und fragte: „Wäre denn Mutti einverstanden damit, dass so was in den Garten kommt?"

„Ich hab schon mit ihr gesprochen", rief Michael. „Sie hat eine Bedingung gestellt: Nur, wenn du die ganze Sache leitest. Das ist ja keine Kleinigkeit von drei Tagen. Ich hab den Verdacht, Opa, sie befürchtet, dass ich mittendrin die Arbeit hinwerfe und nicht mehr weitermache. So einen halbfertigen Teich will sie natürlich nicht für ewig im Garten haben."

„Kann ich verstehen", sagte Opa. „Ja, da müssen wir mal ans Planen gehen ..."

„Ach Opa", rief Michael und fiel Opa um den Hals, „wenn du mitmachst, wird das was!"

Als sie heimkamen, hatte Opa einen Mordshunger und machte sich gleich über Muttis Pflaumenkuchen her. Und Michael aß auch vier Stücke. Mit vollen Backen diskutierten sie eifrig und Opa zeichnete den Teich auf seine Papierserviette. Eine Nierenform sollte er haben. „Mit drei Monaten müssen wir rechnen", sagte er und lehnte sich zufrieden zurück. „Junge, Junge, das wird was zum Vorzeigen ..."

Gudrun Pausewang

Haben deine Großeltern Zeit? Unternimmst du viel mit ihnen?

Mein Zimmer gehört mir

Ich heiße Sunny und bin 9 Jahre alt. Seit zwei Wochen habe ich ein

Richtiges-Eigenes Zimmer

Und das kam so: Ich sitze mit meinen Freunden Ruffi und Tilla im Kinderzimmer. Die Tür ist zu. Wir haben wie immer viel zu bequatschen.

Das erste Mal kommt Mutti um drei Uhr rein. Was wir so machen, will sie wissen. Nichts, sage ich ein bisschen säuerlich. Wenn sie mit ihren Freundinnen Uta und Lore quatscht, wollen sie ja auch ihre Ruhe haben. Wenn ich mal zufällig vorbeikomme, wechseln sie manchmal das Thema. Ich tue dann immer so, als würde ich nichts merken. Ehrensache!

Halbe Stunde später: Mutti kommt wieder rein. Ob wir was trinken wollen. Na gut, Limo.

Zwanzig Minuten später: Mutti will wissen, ob wir noch einen Wunsch haben. Ja, unsere Ruhe, sage ich. Ruffi und Tilla kriegen einen roten Kopf. Mutti zieht beleidigt ab und knallt die Tür zu. Die Stimmung ist hin. Ruffi und Tilla verabschieden sich.

Abends tagt der Familienrat. Die Köpfe rauchen. Aber wir einigen uns. So sieht unsere Abmachung aus:

MEIN ZIMMER GEHÖRT MIR!
Wenn ich Ruhe haben will, hängt das Schild an der Tür:
LASS MICH IN RUHE!
Störungen sind nur in Notfällen erlaubt – wenn das Haus brennt, das Telefon klingelt oder wir 6 im Lotto haben. Sonst gilt:
HALLO!

Mein Zimmer gehört mir, heißt aber auch:

Ich räume mein Zimmer selbst auf und meinen Besuch bediene ich selbst. Diesen Punkt hat Mutti eingebracht. Sie meint: Wer Rechte hat, hat auch Pflichten. Dagegen kann ich nichts sagen.

Sonja Student

Fernsehen

Text: Hans Manz / Bilder: Simone Klages

179

Der Haarschnitt

Gerda schleppte ihren Bruder Tommi ins Badezimmer.
„Ich mache dir eine wunderhübsche Frisur – als Überraschung für Mama." Vor kurzem hatte Mama gesagt, der Friseur werde immer teurer.
Gerda fuhr mit der Hand in Tommis braunen Haarschopf.
Schnapp, machte die Schere und ein Büschel Haare fiel zu Boden.
Unermüdlich kämpfte sich Gerda durch die Haarpracht ihres Bruders.
„Au", schrie Tommi, „du reißt!"
„Dafür bist du dann schön", versprach Gerda und schnippelte und schnippelte. Endlich schien es ihr genug.
Sie erlaubte Tommi die neue Frisur im Spiegel zu betrachten.
Ein fremder Junge guckte Tommi entgegen.
Der widerspenstige Schopf am Hinterkopf und die Stirnlocke waren verschwunden. Rundherum hatte die Schere Krater ins Haar gefressen.
Tommi zog ein Gesicht.
Gerda wurde unruhig. „Na ...?"
„Ich –", stotterte Tommi.
Langsam drehte er den Kopf und grinste seine Schwester an.
„Und jetzt du!", befahl er.

Ilse Viktoria Bösze

Was meinst du – wie könnte die Geschichte weitergehen? Schreibe eine Fortsetzung.

Menschen arbeiten

Arbeitsplan von Malermeister Wörle

Zeit	Montag	Dienstag	Mittwoch	Donnerstag	Freitag
7.00	Werkzeug und Material für Familie Langer ins Auto laden, zu Langers fahren	Zu Langers fahren, Türen und Fenster schleifen	Zu Langers fahren, Decken schleifen	Zu Langers fahren, Türen lackieren	Werkzeug und Material für Familie Finfera einladen, zu Finferas fahren, Balkongeländer schleifen
8.00	Möbel umräumen und abdecken				
9.00	Tapeten und alte Farbe abwaschen				Balkongeländer lasieren
9.30	Brotzeit	Brotzeit	Brotzeit	Brotzeit	
10.00	weiter abwaschen	weiter schleifen	Wände tapezieren	Türen lackieren	Auto ausladen, neue Woche vorbereiten
11.00					
12.00		Fenster und Türen mit Grundfarbe streichen		Fenster lackieren	Feierabend
13.00	Wände grundieren				
14.00				wegräumen, Möbel hinstellen	
15.00					
16.00	Feierabend	Feierabend	Feierabend	Feierabend	

Suche Wörter in diesem Plan, die du nicht verstehst. Notiere sie und schaue in deinem Wörterbuch nach oder lasse sie dir erklären.

Mittwochs darf ich spielen

Mittwochs ist mein
allerschönster Tag.
Da hab ich nämlich
überhaupt keinen Termin.
Montags ist Ballett und
dienstags ist Flöten und
donnerstags ist Tennis und
freitags ist Hockey, aber
am Mittwoch hab ich
immer vollkommen frei.
Mittwochs darf ich spielen.

Kirsten Boie

Schichtdienstplan für Schwester Monika

	Woche 32 vom 6.8.–12.8.	Woche 33 vom 13.8.–19.8.
Montag	12.45–20.00	frei
Dienstag	12.45–20.00	frei
Mittwoch	12.45–20.00	12.45–20.00
Donnerstag	frei	12.45–20.00
Freitag	12.45–20.00	12.45–20.00
Samstag	06.00–13.00	06.00–10.00 15.30–20.00
Sonntag	frei	06.00–15.30

Schreibe deinen eigenen Wochenplan.

Bruder Jan

Mein Bruder Jan ist Schwester. Eigentlich ist er Zivi. Er macht seinen Zivildienst und arbeitet in einem Krankenhaus wie eine Krankenschwester. Er bringt den Patienten das Essen, füttert die Schwerkranken, die nicht allein essen können, macht die Betten, wäscht die Kranken und „schwenkt die Nachttöpfe“, wie er sich ausdrückt.
Am liebsten unterhält er sich mit den Patienten. Die freuen sich natürlich, denn meistens haben die Schwestern dazu keine Zeit. Jan ist, glaube ich, sehr beliebt bei den Kranken und auch bei den Schwestern.
Alle sagen Jan zu ihm, auch die Patienten. Eigentlich müssten sie ihn doch Bruder Jan nennen, denn die Schwestern heißen Schwester Brigitte, Schwester Helga oder Schwester Annemarie. Jan sagt nie „Oma“ und „du“ zu den alten Patientinnen, sondern spricht sie mit ihrem Namen an und sagt „Sie“. „Ich habe eine eigene liebe Oma“, sagt er, „und alte Leute muss man höflich behandeln, gerade wenn sie krank und hilfsbedürftig sind.“
Eine alte Frau möchte immer, dass er den Arm um sie legt, sie stützt und füttert. Eigentlich könnte sie noch allein essen, aber in seiner Gesellschaft macht es ihr mehr Spaß. Wenn er Zeit hat, hilft er ihr gern. Dann strahlt sie ihn an.

Eine andere Patientin, die manchmal ein bisschen wirr im Kopf ist, ruft immer laut nach ihm. „Jan, Jan!“, schallt es durch die Gänge. Überall auf der Station kann man das Rufen hören und alle ziehen Jan mit seiner Verehrerin auf.
Am Wochenende ist Jan zu Hause und erzählt von der alten Frau, die ihn immer ruft. Ich sage: „Vielleicht hat sie am Montag deinen Namen wieder vergessen.“ Aber am Montag hat die Kranke Jans Namen nicht vergessen und ruft weiter nach ihm.

Antje Burger

So verrückt bin ich gern

Gestern bekam Annelis Vater einen wunderbaren Brief. In dem stand, dass er wieder einen Arbeitsplatz bekomme. Nach über einem Jahr Arbeitslosigkeit! Und noch dazu eine Arbeit, die Spaß macht! Er schwenkte den Brief, lief hinaus auf die Terrasse zu Mutti, die dort gerade die Rabatten* jätete, las ihr aufgeregt vor, was man ihm geschrieben hatte, zerrte sie von den Rabatten weg und drückte und küsste sie. Anneli war hinter dem Vater auf die Terrasse gelaufen. Sie begriff, wie glücklich er jetzt war. „Arno, Susi, kommt schnell!", rief sie ins Haus zurück. „Etwas Tolles ist geschehen!" Arno stürzte aus seinem Zimmer und kam auch auf die Terrasse. Und jetzt rauschte die Spülung im Badezimmer und Susi erschien. „Vati hat Arbeit, Vati hat Arbeit!", jubelte Anneli. Die Kinder liefen auf den Vater zu und umarmten ihn. „Ich könnte tanzen und springen vor Freude", rief der Vater. „Tu's doch", rief Anneli. „Als erwachsener Mann?", meinte der Vater. „Das ist nicht üblich." Aber dann stutzte er und sagte: „Warum eigentlich nicht?" Und schon fasste er Annelis und Muttis Hand und Mutti fasste mit ihrer anderen, schmutzigen Hand nach Arnos Hand, Arno fasste Susi, Susi fasste Anneli: Der Kreis war geschlossen. Was für ein springlebendiger Kreis! Er begann sich zu drehen. Vati hüpfte hoch und spreizte die Beine im Sprung. Dabei sang er lautstark: „Hollahi, hollaho, heut bin ich zum Platzen froh!" Auf der Straße blieben die Leute stehen und schauten herüber. Ein Mann schüttelte den Kopf. „Kommen Sie her und machen Sie mit!", rief ihnen der Vater zu. Sie schauten schnell weg, als fühlten sie sich ertappt, und machten, dass sie davonkamen. „Sie halten uns für verrückt", sagte Arno. „Die Armen", sagte Mutti heiter. „Ihnen ist nicht zu helfen. Ich bin ab und zu gern mal verrückt."

Gudrun Pausewang

**Rabatten sind schmale Beete, meist an Wegen oder um Rasenflächen gelegen.*

Von früh bis spät im Traumberuf

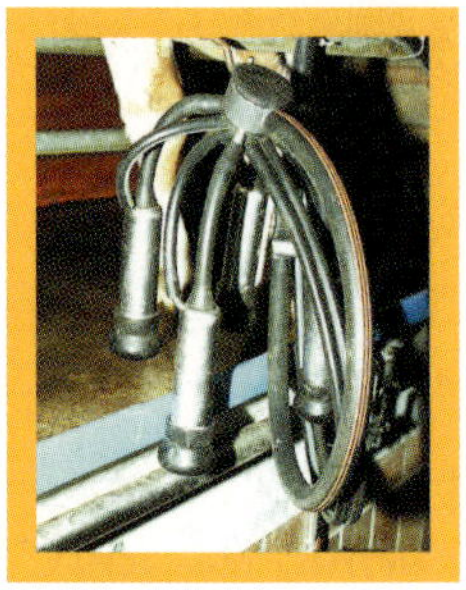

Mit einer energischen Handbewegung wischt sie das Stroh vom Euter. „Melken ist eindeutig meine Lieblingsarbeit.“ Landwirtin – ein anderer Beruf kam für Martina Mayer nie in Frage. Die Melkmaschine setzt sich mit einem Sauggeräusch in Gang.

Wenn die 27-Jährige morgens um 9.00 Uhr die Kaffeetasse in die Spülmaschine räumt, hat sie bereits gut zwei Stunden Arbeit hinter sich. Der Tag auf dem Hof fängt früh an: „Es macht mir aber nichts aus um 6.00 Uhr aufzustehen. Und mir ist es auch nicht zuwider, von früh bis spät arbeiten zu müssen.“

Futter richten, Stallarbeit, Mittagessen kochen, Wäsche machen, Kälber ausmisten sind tägliche Pflichten.

Im Sommer steht zusätzlich Feldarbeit auf dem Programm.

Doch was machen Landwirte im Winter? „Wir gehen in den Wald, beseitigen Sturmschäden, schlagen Brennholz.“ Wenn die Waldarbeit getan ist, werden die Maschinen gepflegt.

Zusammen mit ihren Eltern bewirtschaftet Martina Meyer den Hof in Stockau, einem kleinen Bauerndorf bei Bayreuth. Alleine wäre die Arbeit auf dem 55 Hektar großen Hof mit insgesamt 100 Tieren nicht zu bewältigen. Daneben ist sie noch in zahlreichen Ehrenämtern aktiv: Jungbauernschaft, Bauernverband, Landjugend. So bemüht sie sich, bei Entscheidungen, die die Landwirtschaft betreffen, ihre Ideen einzubringen.

16.30 Uhr: Martina Meyer weist auf die nahende Stallzeit hin. „Ich will einfach, dass alles seine Ordnung hat.“

Und so endet der Arbeitstag, wie er begonnen hat: im Stall.

Gibt es bei euch in der Nähe einen Bauernhof, den ihr besichtigen könnt?

Inlineskater wurden perfekt verarztet

Auf Station 4 fließt Blut: Eine Inline-Fahrerin ist mit einer Fußgängerin zusammengestoßen, sie haben sich an Knien und Armen verletzt. Um sie herum stehen etwa 10 Kinder und überlegen, wie sie am besten erste Hilfe leisten können. Das Blut ist allerdings nur Theaterblut und die Verletzungen der beiden Mädchen sind nur vorgetäuscht. Auf dem Sportplatz der Grundschule findet der „Tag des Schulsanitätsdienstes" statt. Die acht- bis zehnjährigen Kinder der dritten und vierten Klassen sind ausgebildete oder angehende „Juniorhelfer". In einem Stationenlauf durch Schulhaus und Sportplatz verarzten sie gestellte Unfallverletzungen wie Platzwunden am Kopf, Schürfwunden am Knie oder einen gebrochenen Unterarm und beantworten Fragen rund um erste Hilfe und gesunde Ernährung. So können sie selber ihre Kenntnisse überprüfen.

Im Schulsanitätsdienst dann wenden sie das Gelernte an: Zum Beispiel übernehmen jeweils zwei Kinder den Dienst auf dem Pausenhof und leisten Hilfestellung bei Verletzungen. Die Ausbildung zum „Juniorhelfer" in der Grundschule wird in zwei Abschnitten mit jeweils vier Unterrichtsstunden durchgeführt.

In diesem Kurs lernen die Kinder einfache Wundversorgung, Hilfeleistung bei Verbrennungen und Knochenbrüchen, das Absetzen eines Notrufs und die stabile Seitenlage bei Bewusstlosigkeit.

Dabei hat sich immer wieder gezeigt, dass bereits Kinder in der Lage sind, in lebensbedrohlichen Situationen Hilfe zu leisten.

Besprecht, wie ihr an eurer Schule einen solchen Schulsanitätsdienst aufbauen könnt. Im Internet findet ihr viele Informationen dazu.

Beruf: Comiczeichner

Batman und Robin? Ganz schön cool. Tick, Trick und Track? Klasse. Und die Simpsons? Schrille Sippe. Mit einem guten Comic kann man sich locker mal einen ganzen Nachmittag im Zimmer vergraben – und die Hausaufgaben ganz zufällig total vergessen.

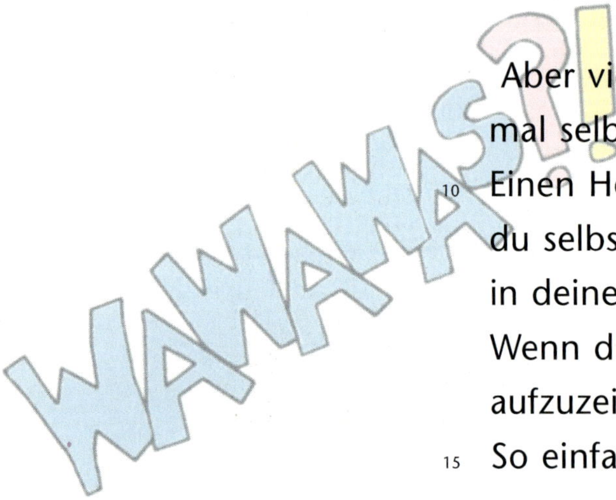

Aber vielleicht hast du dir auch schon mal selber Comicfiguren ausgedacht. Einen Helden vielleicht, fast mutig wie du selbst ... Oder ein freches Tier, das nur in deiner Fantasie existiert. Wenn du sogar versucht hast, die Figuren aufzuzeichnen, wirst du gemerkt haben: So einfach ist das gar nicht.

Natürlich steht und fällt ein guter Comic mit der Hauptfigur. Aber der Zeichner muss auch alles andere darstellen können, was in seiner Geschichte vorkommt: Autos und Palmen, Pferde, Raumschiffe oder Außerirdische – und das auch noch aus den unterschiedlichsten Blickwinkeln. Besonders knifflig ist die Mimik einer Figur: Ob sie sich freut, ob sie stinkwütend oder vielleicht hundemüde ist, muss ganz genau aus ihrem Gesicht abzulesen sein. Auch das Zeichnen der Hände erfordert viel Geschick, denn erst durch ihre Gestik (vom Händeschütteln bis zum Nasebohren) wirkt die Figur „lebendig".

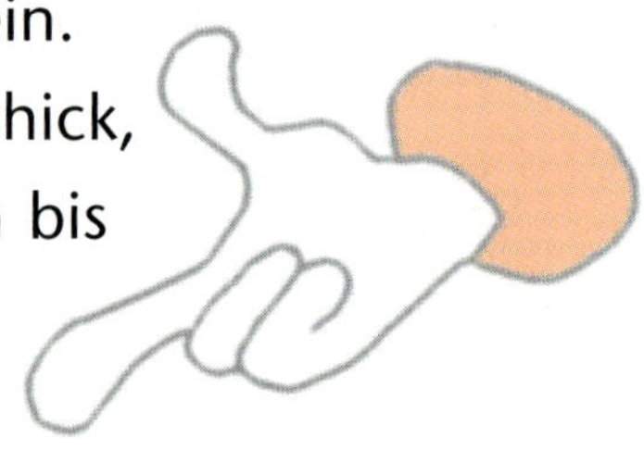

Ein Titelblatt entsteht!

Auch „richtige" Comiczeichner setzen sich nicht einfach hin und malen mal eben ein Titelbild. Das geschieht in mehreren Schritten, die wir euch jetzt hier zeigen.

Zuerst wird Dagobert Duck als Motiv für das Titelblatt mit Bleistift vorgezeichnet. Wie ihr seht, ist das eine richtige Skizze mit vielen unordentlichen Linien.

Dann wird die Vorzeichnung auf ein anderes Papier übertragen. Die Linien werden mit Tusche geschwärzt. Das sieht jetzt schon sehr viel „ordentlicher" aus.

Zum Schluss werden die Flächen mit Farben ausgefüllt. Das geschieht nicht mehr per Hand und mit Buntstiften oder Tusche, sondern mit einem Grafikcomputer am Bildschirm.

Wenn ihr genau hingesehen habt, habt ihr sicherlich auch bemerkt, dass die Skizze für das Titelblatt anders aussieht als das fertige Bild, das nachher in eurem Regal steht. Daran könnt ihr sehen, dass auch professionelle Zeichner nicht immer mit dem ersten Entwurf zufrieden sind. Also: Nicht verzagen, weitermachen!

Du kannst selber auch einen Comic gestalten.

179

Drahtzieher in luftiger Höhe

Im Frühling werden in den bayerischen Hopfenanbaugebieten wieder die Drähte hochgezogen, an denen sich im Sommer das „grüne Gold“, wie der Hopfen auch genannt wird, hochranken soll. Schwindelfrei sollte man für diese Arbeit in luftiger Höhe allerdings sein.
Die Hallertau, in der dieses Foto gemacht wurde, ist das größte geschlossene Hopfenanbaugebiet der Welt.

EINEN UNGEWÖHNLICHEN RASTPLATZ *haben diese Frauen auf ihrem „Gurken-Doppeldecker“. Dieses kuriose Gefährt wurde von niederbayerischen Bauern erfunden, um kleine Einlegegurken schonend ernten zu können. Die Pflückerinnen liegen unterm Schattendach bäuchlings auf weichen Matratzen auf den beiden Tragflächen und schweben bei der Arbeit in 20 bis 40 Zentimeter Höhe über dem Gurkenfeld. Die geernteten Gurken laufen sofort über ein Förderband in einen Anhänger.*

Wintergeschichten

Schneeschnittmusterwiese

Weiße Wiese, Zeichenblatt,
weil der Schnee alles zugeschneit hat.
Es kommen die Krähen, das schwarze Gepluster,
und staksen ein spinniges Krähenmuster.
Und der Hase, Bein um Bein,
druckt Striche und Punkte mitten hinein.
Ganz winzige Trippelschneisen
tupfen die Meisen.
Schnittmuster in den Schnee
zeichnen Wildschwein und Reh.
Und am Morgen kannst du lesen,
wer nachts auf dieser Wiese gewesen.

Günther Feustel

Jäger im Schnee
Pieter Brueghel d. Ä., 1565

Eine Nikolauslegende

Als Nikolaus Bischof in der Stadt Myra war, entstand nach einer langen Trockenheit eine furchtbare Hungersnot. Die Menschen wurden schwach und krank.
Da legte eines Tages ein Schiff im Hafen an, das Weizen geladen hatte. Dieser Weizen war für die Stadt Rom bestimmt, in der der Kaiser lebte. Nikolaus eilte zum Hafen hinab und bat den Kapitän ihm hundert Säcke Getreide für die hungernden Menschen in seiner Stadt zu geben, damit sie nicht umkämen und neuer Weizen gesät werden könne.
Aber der Kapitän weigerte sich. „Das Korn ist genau gemessen worden“, sagte er. „Es ist für die kaiserlichen Scheuern bestimmt. Wenn etwas fehlt, geht es mir an den Kragen.“
Da entgegnete der Bischof: „Seid ohne Sorge und gebt mir die hundert Sack Weizen. Ich verspreche Euch, dass Euch nichts fehlen wird, wenn Ihr in Rom seid!“

Der Kapitän ließ sich erweichen und gebot seinen Matrosen hundert Sack Korn für den Bischof der Stadt Myra abzufüllen.
Als das Schiff in Rom landete und die kaiserlichen Aufseher das Getreide maßen, hatten sie genauso viel, wie in den Papieren stand. Der Kapitän und seine Besatzung wunderten sich sehr darüber und erzählten überall davon.
Der Bischof Nikolaus aber ließ das Korn austeilen. Die hundert Säcke reichten zwei Jahre um die Stadt über die nächste Ernte hinaus zu versorgen.

Hubertus Halbfas

Schalldämpfer Schnee

Du gehst durch einen verschneiten Wald. Der Schnee knirscht unter deinen Schuhen. Vielleicht fällt dir gerade deshalb auf, dass außer diesem Knirschen nichts zu hören ist. Ringsherum ist alles still. Woran liegt es, dass es im Winter draußen so ruhig ist? Machen die Tiere jetzt weniger „Lärm"? Das stimmt! Die Zugvögel sind im Süden. Und auch die Standvögel, die im Land geblieben sind, veranstalten im Winter viel weniger Zwitscherkonzerte als im Frühling. Manche Tiere halten Winterschlaf oder Winterruhe. Und diejenigen, die auch im Winter auf den Beinen sind, laufen jetzt weniger herum als sonst. Kein Wunder! Wenn viel Schnee liegt, ist jede Bewegung sehr anstrengend. Es gibt aber noch einen anderen Grund, warum der Winter die „stille Zeit" ist. Das liegt am Schnee. Schneeflocken sind aus vielen winzigen Eiskristallen zusammengesetzt. Und dazwischen steckt etwas, zehnmal so viel wie alle Eiskristalle zusammen: Luft! Je lockerer der Schnee ist, desto mehr Luft ist zwischen den Eiskristallen. Am meisten Luft enthält Pulverschnee. Das kannst du selbst ausprobieren. Nimm eine Hand voll Pulverschnee und forme daraus einen Schneeball. Ui, der wird aber klein! Weil du den Schnee zusammendrückst und dadurch die Luft herauspresst. Die Luft zwischen den Eiskristallen wirkt wie ein „Schalldämpfer". Deshalb ist es im Winter viel stiller als in den anderen Jahreszeiten.

Betrachte Schneekristalle mit einer Lupe. Zeichne sie.

175

Şirin wünscht sich einen Weihnachtsbaum

Ş: sprich Sch

noel

baba
madem ki noel
bizim bayramımız değil
almanların
verelim bizim bayramlardan
bir parça almanlara
onlar da noel' den versinler
bir parça bize

bayramlar hepimizin olur o zaman
değil mi

Weihnachten

Papa,
wenn es so ist,
dass Weihnachten nicht unser Fest ist,
sondern den Deutschen gehört,
geben wir doch
von unseren Festen
den Deutschen ein Stück
und die Deutschen
geben uns
ein Stück Weihnachten.

Dann gehören die Feste uns allen,
nicht wahr.

Je näher die Feiertage kamen, umso trauriger wurde Şirin. Warum sie traurig war? – Nur noch drei Tage bis zum Weihnachtsfest und in Şirins Wohnung stand noch immer kein „Kinderbaum". Kinderbaum? Diesen Namen hatte Şirin sich ausgedacht. Es war ihr Name für Weihnachtsbaum. Alle Leute hatten bereits einen Weihnachtsbaum gekauft: Ulrikes Vater hatte einen Baum besorgt. Auch Stefans Eltern hatten einen. Michaels Mutter wollte einen holen. Und alle freuten sich auf die Geschenke, die unter dem Baum liegen würden. Jeden Abend betrachtete Şirin Bernds Kinderbaum. Bernds Mutter hatte den geputzten Baum dicht hinter dem Fenster aufgestellt. An den Ästen hing eingewickelte Schokolade. Rotes, grünes, blaues Licht beleuchtete Sterne und Glaskugeln. Oh, wie glitzerte der schöne Baum! Şirin träumte von ihrem Kinderbaum. Şirin ging ins Wohnzimmer. Ihr Vater saß vor dem Fernseher. Şirin setzte sich, wie sie es immer tat, auf seinen Schoß. Der Vater streichelte ihr Haar. Jeden Abend bat Şirin: „Bitte, Papa, kauf mir einen Kinderbaum!" Aber immer antwortete ihr Vater: „Nein, es geht nicht, liebe Tochter!"

Heute Abend wollte sie es noch einmal versuchen: „Papa!"

„Ja?"

„Papalein!"

„Ja, mein Kind, was willst du?"

„Jeder, aber auch jeder kauft einen Kinderbaum. Du, Papa, bitte, kaufen wir auch einen?!"

Ihr Vater blickte streng. „Meine Kleine. So oft habe ich es dir erklärt: Weihnachten, das ist nicht unser Fest, sondern das Fest der Christen. Wir haben unsere eigenen Festtage. Und die Christen feiern auch nicht mit uns. Übrigens heißt es nicht Kinderbaum, sondern Weihnachtsbaum."

„Aber viele Bäume sind klein wie Kinder."

„Egal ob sie groß sind oder klein. Ich kaufe keinen! Wir sind Moslems."

„Papa!"

„Ja", sagte Şirins Vater unwirsch. Er wollte weiter fernsehen.

„Wenn wir einen Kinderbaum kaufen und dann Weihnachten feiern wie die Deutschen – wären sie dann böse auf uns?"

Şirins Vater überlegte eine Weile und sagte dann verärgert: „Warum sollten sie denn böse sein? Aber jetzt ist Schluss!"

Nein! Şirin wollte nicht aufhören. „Papa!"

„Was ist denn jetzt wieder?"

„Papa! Nehmen wir uns doch einfach ein bisschen von dem deutschen Fest. Und geben wir den Deutschen etwas von unseren Festen ab. Wird dann nicht jedes Fest allen Menschen gehören?"

Ihr Vater lachte. „Ich weiß nicht, Şirin."

„Dann feiern wir also Weihnachten. Nicht wahr, Papa?"

Vaters Gesicht wurde wieder streng. „Nein, meine Liebe. Jeder soll seine eigenen Feste feiern. Sonst entsteht ein heilloses Durcheinander."

Sprach's und sah weiter fern.

Şirin hätte fast geweint. Vom Schluchzen brannte ihr Hals. Sie ging in die Küche und presste ihre Stirn an die kalte Fensterscheibe.

Habib Bektas

Verstehst du Şirins Vater?
Die Geschichte ist noch nicht zu Ende.
Wie könnte sie weitergehen? Vergleiche deinen Schluss mit dem des Autors.

Die Kinder beschenken das Christkind

1. Kind
Diesen kleinen, blauen Engel
habe ich aus Ton gemacht.
Der steht oben an der Krippe,
hält bei dir im Stall die Wacht.

2. Kind
Kind, ich sägte diese Katze
aus dem Holz für dich heraus.
Ich hab sie ganz grau bemalt
und dazu die kleine Maus.

3. Kind
Du bekommst von mir die Sterne,
die ich selber angemalt.
Gold und gelb mit vielen Zacken,
guck nur, wie der große strahlt!

4. Kind
Mit der Mutter backten wir
Sterne, Vögel und den Fisch.
Mhm – der gute Teig, er duftet,
und die Plätzchen sind ganz frisch.

5. Kind
Sieh – ein Pfefferkuchenhaus
wollten wir dir heute bau'n.
Hänsel schaut heraus und Gretel
und der Kater sitzt am Zaun.

6. Kind
Einen langen Stab aus Holz,
obenauf der Weihnachtsstern.
Der soll hell im Stall dir leuchten,
ich schenke ihn dir wirklich gern.

7. Kind
Einen grünen Tannenzweig
hab ich aus dem Wald gebracht.
Bunt hab ich ihn ausgeschmückt,
ob er dir wohl Freude macht?

8. Kind
Diese zarten, kleinen Vögel
malte ich auf Buntpapier,
wie sie schweben, fliegen, steigen!
Liebes Kind, ich schenk sie dir!

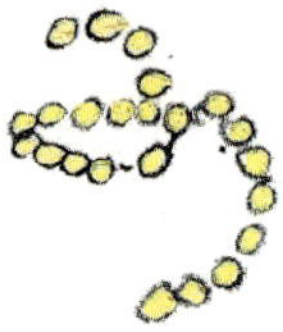

9. Kind
Eine lange gold'ne Kette
häng ich an die Krippe dran.
Malte alle kleinen Nüsse
mit der gold'nen Farbe an.

10. Kind
Meine schöne große Sonne
hat ein richtiges Gesicht.
Ich malt sie mit Fingerfarben,
schau – sie strahlt im Kerzenlicht!

11. Kind
Und mein großer weißer Schneemann
hat den langen Stock dabei.
Er hat schwarze Kohlenaugen.
Schau, ich leg ihn hier ins Heu.

12. Kind
Dieses kleine Segelschiffchen,
das kann fahren pfeilgeschwind.
Du kannst damit am Wasser spielen,
segeln wird es mit dem Wind.

13. Kind
Diesen Stein hab ich gefunden,
der lag da im warmen Sand.
Sah ihn in der Sonne glitzern.
Nimm ihn fest in deine Hand!

14. Kind
Eicheln hab ich und Kastanien
hier in meiner Tasche drin.
Damit kann man spielen, basteln.
Sieh – ich leg ins Stroh sie hin.

15. Kind
Murmeln spiele ich so gerne,
rille, rolle in dem Sand.
Und ich leg die schönste Kugel
dir in deine kleine Hand.

16. Kind
Diese weißen Vogelfedern
fand ich neulich auf dem Stein.
Weich sind sie und fein gefiedert,
ich leg sie ins Heu hinein.

17. Kind
Eine bunte Mondlaterne
habe ich dir mitgebracht.
Wie die glänzt und strahlt und leuchtet
hier im Stall in dunkler Nacht.

18. Kind
Und mein schöner bunter Drachen,
zappeln wird er an dem Band!
Er kann zu den Wolken fliegen.
Halt ihn fest in deiner Hand!

19. Kind
Mahmud heiß ich, bring dir Muscheln
von dem warmen blauen Meer.
Gerne will ich sie dir schenken.
Von meiner Heimat sind sie her.

20. Kind
Alle Kinder dieser Erde,
weiß und gelb und rot und braun,
stehen hier an deiner Krippe,
kommen, Kind, dich anzuschaun.

Barbara Cratzius

Bei diesem Spiel schenkt jedes Kind dem Christkind etwas Besonderes und Persönliches.
Was möchtest du schenken?
Sucht euch jeder einen Vers aus.
Natürlich könnt ihr auch weitere Verse dazu dichten oder einige weglassen.
Viele schöne Geschenke könnt ihr selber basteln, malen, backen, suchen ...

Büttenrede

Ansager: Nun wünsch ich
Spaß im Überfluss!
Empfangt mit mir
hier die „Doof Nuss"!

Doof Nuss tritt auf. Normale Straßenkleidung.
Gesicht als Clown geschminkt.

Ach, mir ist schlecht! Nee!
Also, ihr könnt euch ja gar nicht
vorstellen, wie übel mir ist!
Ich fürchte, die letzte Pflaume,
die ich gegessen habe,
muss schlecht gewesen sein.
Ja, wirklich! Denn die andern
96 sind mir gut bekommen!

Leute, wisst ihr eigentlich, dass
das Geld abgeschafft werden soll?
Ja! Ich habe heute einen getroffen,
der hatte schon keins mehr.

Gestern ist mir ein Ding passiert!
Ist mir doch so ganz aus Versehen
beim Fußballspielen ein Ball über
den Schuh gerutscht.
Genau in die Schaufensterscheibe
des Bäckers bei uns an der Ecke.
Da habe ich aber die Beine
in die Hand genommen!
Leider war ich nicht schnell genug
und der Bäcker hat mich erwischt.
„Bürschchen!", schreit der mich an.
„Weißt du denn nicht, dass du
die Scheibe bezahlen musst?"
„Sicher, sicher", habe ich gesagt.
„Sie sehen doch, dass ich nach
Hause renne, um das Geld zu holen!"

Neulich war ich mit meinen Eltern
im Ballett. Das ist vielleicht doof!
Da tanzen alle Mädchen auf den
Zehenspitzen herum. Sollen die
doch größere Mädchen nehmen!

Ich wollte ja, wenn ich groß bin,
eigentlich Fußballprofi werden.
Aber das mache ich jetzt doch nicht.
Ich habe gestern erfahren, dass die
nach jedem Spiel duschen!

Also, nun bleibt hübsch anständig
bis zum nächsten Jahr!
Und weiterhin viel Vergnügen
wünscht euch
die Doof Nuss.

Heinz Schmalenbach

Übe den Text und trage ihn vor.

Maskentreiben auf den Straßen

Die närrischen Tage beginnen mit dem Donnerstag vor dem Faschingssonntag, der im Volksmund „Unsinniger Donnerstag“ oder „Gumpater Donnerstag“ oder auch wie in der Oberpfalz „Nascher Pfingsta“ heißt.

Im Geigenbauerdorf Mittenwald sind es die Schellenrührer, die an diesem Tag ihren großen Auftritt haben. Mit uralten, geschnitzten Holzmasken und in heimischer Tracht ziehen die jungen Burschen durch die Straßen. Nach altem Brauch wollen sie mit Höllenlärm das Böse vertreiben. Den Lärm verursachen die Kuhglocken auf ihrem Rücken.

Im Altmühltal sind es die „Fasenickl“, die vom unsinnigen Donnerstag an peitschenknallend durch die Orte ziehen und symbolisch den Winter austreiben wollen.

Nach einer nun schon langen Tradition treffen sich am Faschingssonntag in den bayerischen Alpen vom Allgäu bis ins Berchtesgadener Land die Skifahrer zu einem zünftigen Maskentreiben. Am bekanntesten ist das Treiben auf der Firstalm.

Am Faschingsdienstag tanzen auf dem Münchener Viktualienmarkt die Marktfrauen.

Welche Faschingsbräuche gibt es in deiner Gegend?

Ein großer Teich war zugefroren

Ein großer Teich war zugefroren,
die Fröschlein, in der Tiefe verloren,
durften nicht ferner quaken noch springen,
versprachen sich aber, im halben Traum,
fanden sie nur da oben Raum,
wie Nachtigallen wollten sie singen.
Der Tauwind kam, das Eis zerschmolz,
nun ruderten sie und landeten stolz
und saßen am Ufer weit und breit
und quakten wie vor alter Zeit.

Johann Wolfgang von Goethe

Im Winter kriegt man Gänsehaut.
Das Eis wächst – krumm und grade.
Der Frühling kommt. Der Eiszapf taut.
Wie schön! Und ach: wie schade.

Manfred Streubel

Gestern - heute - morgen

Die Zeit

Man kann sie nicht riechen,
man kann sie nicht schmecken,
man kann sie einfach
nirgends entdecken.

Man kann sie vergeuden,
man kann sie vergessen.
Doch was man versäumt hat,
kann man nicht messen.

Man kann sie nicht kaufen,
man kann sie nicht borgen.
Man sucht das Gestern,
schon ist es morgen.

Man kann sie gut nutzen
und jemandem schenken,
und wenn man Zeit hat,
an sie denken.

Gerald Jatzek

Zerfließende Zeit
Salvadore Dalí, 1931

Manchmal

Manchmal
wachst du erwartungsvoll auf:
der Morgen.
Der ist neu
wie keiner vorher.

Alles ist ganz anders.
Sogar wie die Sonne scheint.
Und du denkst:
Heute wird etwas geschehn.
Etwas,
was es nie vorher gab.
Und du wartest darauf.

Du wartest die ganze Zeit.
Aber nichts geschieht.
Ein ganz gewöhnlicher
Tag ging vorbei.
Nur der Morgen war neu
und so anders.

Susanne Kilian

Worüber wir staunen

Dass die Welt hinter den Bergen
nicht zu Ende ist,
dass, was dir im Spiegel begegnet,
du selber bist.
Dass die Erde rund ist und sich dreht,
und dass der Mond,
auch wenn es regnet, am Himmel steht.
Dass die Sonne,
die jetzt bei uns sinkt,
andern Kindern
Guten Morgen winkt.

Max Bolliger

Derselbe Sommer kommt nicht wieder

Babsy und Mutter

Weißt du sicher, dass es einmal wieder Frühling wird?
Ja.
Woher weißt du es?
Es ist immer wieder Frühling geworden.
Wo kriegen die Bäume die neuen grünen Blätter her?
Sie kommen aus ihnen heraus. So, wie die Gedanken aus dir herauskommen.
Hm. – Im Sommer saß ein Junge mit einer Mundharmonika hier.
Und auf der Bank die dicke Frau, die strickte.
Und dann war da noch der Hund – weißt du, der, der immer Löcher gebuddelt hat.
Wo sind die alle? Ich meine, wo ist der ganze Sommer? Kommt er wieder?
Nein. Derselbe Sommer kommt nicht wieder.
Ist er einfach fort?
Nein. Er ist nicht fort. Nichts, was gewesen ist, ist einfach fort. Er ist in dir.
Wenn du die Augen zumachst, kannst du ihn sehen.
Mm. Wird das, was heute ist, morgen auch in mir drin sein?
Ja.

Nach Gina Ruck-Pauquèt

Nur eine Bank irgendwo?
Wer will, ruht sich aus
und denkt sich was
oder auch nichts.
Und wer mag dort schon
alles gesessen haben?
Vielleicht ein Liebespaar
oder auch zwei alte Menschen,
die sich viel zu sagen hatten …

176

Der Zeichner Jörg Müller hat seiner Bilderserie folgenden Titel gegeben:
Und alle Jahre wieder saust der Presslufthammer nieder oder die Veränderung der Landschaft.

Gibt es aus deiner Gegend Bilder oder Fotos von früher? Was hat sich verändert?

179

Die hat's gut

Die junge Frau ist auf dem Weg zum Kindergarten. Sie zerrt ein kleines, quengeliges Mädchen neben sich her. Das stolpert und fällt hin, genau vor der alten Frau, die auf einer Bank an der Bushaltestelle sitzt.

„Entschuldigung", murmelt die junge Frau.

„Schon gut! Mir ist nichts geschehen. Hat das Kleine sich wehgetan?", fragt die alte Frau. Dabei sehen sie sich an. Einen Augenblick lang …

Und die junge Frau denkt:

„Die hat's gut! Sitzt auf der Bank da, hat Zeit in Hülle und Fülle. Genau das, was mir fehlt. Hat auch keine quengelige Tochter in den Kindergarten zu zerren. Dabei hab ich's so eilig. Was ich heute noch alles machen muss! Wenn ich deren Zeit mal hätte! Und heute Abend kommt Besuch, da muss ich was kochen. Hätte ich beinah vergessen. Das wird dann heute Abend sicher wieder spät. Dabei bin ich jetzt schon müde. Die alte Frau kann so früh schlafen gehen, wie sie will. Und ausschlafen kann sie auch. Ist ungerecht verteilt manchmal, wirklich."

Und die alte Frau denkt: „Die hat's gut! Hat wenigstens was zu tun, den lieben, langen Tag. Ich vertreibe mir ja bloß noch die Zeit. Wenn ich noch mal so jung wäre … Wie flink die laufen kann! Und das süße, kleine Mädchen da. Mit der jungen Frau würde ich gerne mal tauschen. Sie sicher nicht mit mir, kann ich verstehen. Ich hätte gerne mal wieder einen Tag vor mir, randvoll mit Sachen, die zu erledigen sind. Betrieb, Geschäftigkeit, Leben! Mittendrin möchte ich noch mal sein. Nicht so an den Rand geschoben, auf der Bank hier, immer bloß zusehen."

Susanne Kilian

Welche der beiden Frauen kannst du besser verstehen?
Was würde wohl passieren, wenn sich die beiden unterhalten?
Spielt das Gespräch.

184

Sagen und Legenden

Würzburg, Festung und alte Mainbrücke
Walter R. Habbicht, 1932

Das Loch unter der alten Mainbrücke

Ein gewaltiges Hochwasser mit Treibeis hatte im Jahre 1442 die Würzburger Mainbrücke eingerissen. Die neue Brücke sollte fester und widerstandsfähiger werden, wünschten Rat und Bürger, und der Baumeister versprach es. Das kam dem Teufel gerade recht. Schon stand er vor dem Baumeister und versprach, ihm zu einer felsenfesten, sturmsicheren Brücke zu verhelfen, wenn er ihm seine Seele verschreibe. Der Baumeister aber war ein gottesfürchtiger Mann und wollte mit dem Teufel nichts zu tun haben. Darüber ergrimmte der Satan und nahm sich vor, das Werk des wackeren Mannes zu vernichten. Als die Brücke fertig war, stürzte sich der Teufel voller Wut an die Pfeiler, um sie zu untergraben. Da aber die Brücke schon durch einen Priester geweiht war, konnte der Böse nur zwischen zwei Pfeilern ein Loch in den Grund wühlen. Dort bildete sich ein gefährlicher Strudel, den die Schiffer fürchten. Nur die Flößer fahren hier durch; sie beten dabei ein Vaterunser zu Ehren des heiligen Johannes von Nepomuk, dessen Steinbild oben auf der Brücke steht.

Der Teufelsstein am Kreuzberge bei Vilseck

An der Straße von Haselbach nach Vilseck liegt der Kreuzberg. Über denselben führt ein Fußpfad an einem gewaltigen, beinahe viereckigen Felsblocke vorüber, welcher eine Vertiefung in der Mitte und zwei krallenartige Eindrücke zu beiden Seiten zeigt.

Die Sage erzählt, der Teufel habe sich heftig über den Kirchenbau zu Vilseck erzürnt und den Entschluss gefasst, den bekannten, äußerst spitz zulaufenden Turm der neuen Kirche mit einem Felsenstück in Trümmer zu schlagen.

Als er nun weither einen gewaltigen Stein herbeigeschleppt, sei er am Kreuzberge einem Weiblein begegnet, das ein Bündel zerrissener Schuhe getragen. Der Teufel, schon ermüdet vom weiten Marsche, habe die Frau gefragt, ob es noch weit nach Vilseck wäre, worauf diese, die Absicht des Bösen erkennend, geantwortet, dass es wohl noch eine schöne Strecke sei, da sie auf dem Wege daher so viele Schuhe zerrissen habe. Auf diesen Bescheid habe der Teufel den Felsen unmutig niedergeworfen, wo er noch heute liegt. Die Vertiefungen des Steines werden für Eindrücke der satanischen Krallen gehalten.

Sage vom Geisberg bei Arnstorf

Im Osten von Arnstorf erhebt sich der Geisberg, ein ziemlich steil ansteigender Höhenrücken. An seinem Fuße schlängelt das Steinbächlein dem Markte zu und bildet ein reizendes, enges Tal.

In diesem Tale steht etwa 5 Minuten von Arnstorf entfernt ein Kirchlein, genannt „Maria Schnee", und daneben ein paar Häuser, die Ortschaft Schneeburg. Hier heraußen hauste einst ein Einsiedler, und weil in Arnstorf noch keine Schulen waren, kamen zu ihm die Kinder des Marktes und lernten da lesen und schreiben.

Ihr Schulweg führt sie am Fuße des Geisberges entlang.

Nun ist der Geisberg einer jener wundersamen Berge, die innen hohl sind und große Schätze an Gold und Edelsteinen enthalten. Diese Reichtümer werden von Erdmännlein bewacht.

Alle hundert Jahre tut sich der Berg auf und glückliche Menschen können die Herrlichkeiten beschauen und manche kehrten schon reich beschenkt zurück. Schlecht aber ging es den Arnstorfer Kindern. Sie wussten um das Geheimnis des Berges, und die Buben und Mädchen waren frech und vorlaut. Sie schrien immer:

„Männlein, komm raus! Männlein, komm raus!"

Einmal nun tut sich wirklich der Berg auf. Die Kinder standen wie angewurzelt vor einem großen, weiten Tor. Unter dem Tore stand ein Männlein mit langem, weißem Barte und winkte freundlich, ihm zu folgen. Schüchtern gingen die Kinder dem Zwerglein nach; aber die Helle und der Glanz, die aus dem Innern schimmerten, zogen sie unwiderstehlich an. Das Männlein öffnete ihnen die vielen Truhen mit den Reichtümern und Schätzen. Sie durften einstecken und mitnehmen, was sie wollten. Die Kinder griffen fest zu; aber sie wurden nicht satt; sie fanden immer wieder Schöneres und wurden so gar nicht fertig. Als sie endlich mit ihren Reichtümern wieder heimwollten, war das Tor schon wieder verschlossen. Seitdem hat man von den Kindern nichts mehr gehört und gesehen.

Ludwig Röckel

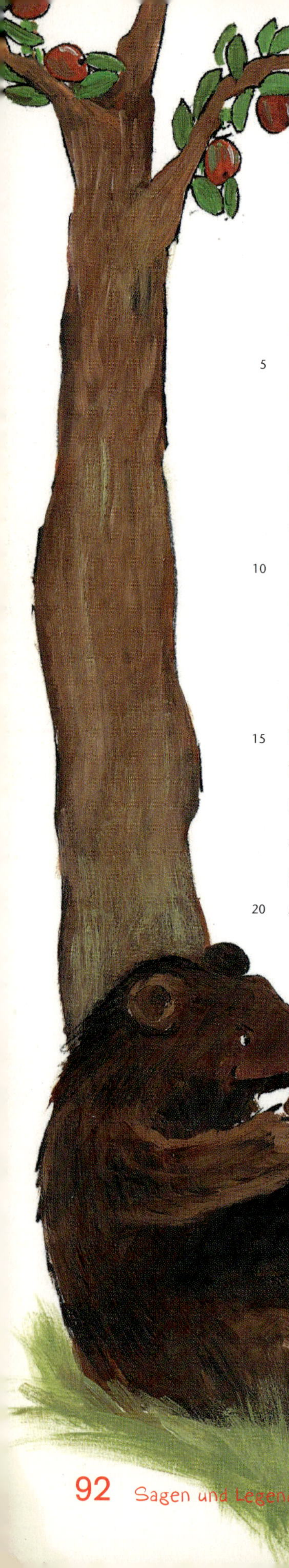

Sankt Magnus, 6. September

Magnus hieß eigentlich Maginold. Er lebte im 8. Jahrhundert als Mönch im Kloster St. Gallen. Auf Wunsch des Bischofs von Augsburg zog er mit den beiden Glaubensboten Tozzo und Theodor ins Allgäu, um die dortige Bevölkerung zum Christentum zu bekehren. In Füssen baute er eine Kirche und für sich eine Zelle dazu. Magnus starb am 6. September 756 in Füssen.

Als Magnus mit Tozzo und Theodor im Allgäu das Evangelium predigte, befreite er die Gegend auch von Schlangen und anderen wilden Tieren. Sogar einen gefährlichen Drachen bezwang er. Die Männer trugen ein wunderbares Licht mit sich. In der Dunkelheit entzündete es sich von selbst. Es erlosch weder im Regen noch im Sturm und wurde auch nicht kleiner. Das Allgäu war eine arme Gegend und in schlechten Erntejahren mussten viele Leute Hunger leiden. Auch Magnus und seine Gefährten wussten oft nicht, wo sie Nahrung für den nächsten Tag finden würden. Einmal im Herbst, als sie wieder den ganzen Tag nichts gegessen hatten, entdeckten sie endlich einen Apfelbaum. Aber unter dem Baum saß ein riesiger Bär, der sich an den Früchten gütlich tat, die auf der Erde lagen. Als Theodor und Tozzo das riesige Tier erblickten, wollten sie davonlaufen, aber Magnus trat ohne Angst hinzu und sagte: „Mein lieber Bär, ich wäre dir dankbar, wenn du die guten Äpfel den Menschen überlassen würdest. Dein Magen verträgt auch die unreifen Früchte." Der Bär ließ ein unwilliges Murren ertönen und zeigte Magnus seine Pranken. Magnus wollte mit seinen Gefährten weiterziehen. Doch als er sich noch einmal nach dem Bär umdrehte, sah er plötzlich, wie das Tier um die guten Äpfel einen Bogen machte und sich mit den schlechten begnügte. Er hatte Magnus' Worte verstanden.

Max Bolliger

Der ewige Pförtner: Konrad von Parzham, 21. April

Am 22. Dezember 1818 wurde in der Gemeinde Parzham einem Bauern namens Birndorfer ein Sohn geboren. Er nannte ihn Johann. Johann sollte sein Nachfolger werden und später den Hof übernehmen. Mit einunddreißig Jahren verzichtete Johann auf sein Erbe. Er trat in das Kloster der Kapuziner in Altötting ein. Er bekam den Namen Konrad und übernahm das Amt des Pförtners. Einundvierzig Jahre lang blieb er dieser Aufgabe treu. Konrad von Parzham starb am 21. April 1894.

Schon als Johann noch ein Junge war, sagten die Leute: „Der Birndorfer Hansel ist ein Engel." Oder auch: „Wenn der kein Heiliger wird." Zusammen mit den Geschwistern arbeitete er mit Freuden auf den Äckern und Feldern. Aber schon früh unterschied er sich von ihnen durch seine Frömmigkeit. Wenn seine Eltern nach ihm suchten, war er oft, ins Gebet versunken, in der Kirche zu finden. Als Pförtner des viel besuchten Klosters in Altötting gab es in der näheren und weiteren Umgebung niemanden, der Bruder Konrad nicht kannte oder nicht schon Hilfe bei ihm gefunden hätte. Er machte den „Sündern" keine Vorwürfe, aber er versäumte es auch nicht, die Landstreicher, die an der Klosterpforte um ein Almosen baten, zu ermahnen und mit sanften Worten zu belehren. Bruder Konrad war nicht aus der Ruhe zu bringen, auch wenn die Kinder hinter ihm herliefen, um ihn zu necken. Einmal kam ein Bettler an die Klosterpforte und bat um eine „milde Gabe". Als ihm Bruder Konrad statt Geld und einen Schnaps eine kräftige Suppe brachte, warf ihm der Mann den vollen Teller vor die Füße. Da lachte Konrad und sagte freundlich: „Gelt, die magst du nicht, so hol ich dir halt eine andere." Er war gegen die Armen so großzügig, dass ihn seine Mitbrüder deswegen tadelten, doch das machte ihm nichts aus.

Max Bolliger

Im Märchenland

Es war einmal ein König, der lebte in einem prächtigen Schloss hoch über dem Wald von Sagaland.

Seine Untertanen hätten sich einen besseren König nicht vorstellen können, so weise und gütig führte dieser sein Zepter.

Viele Jahre gingen ins Land, da fühlte der König, dass er alt wurde, und er begann sich zu sorgen, wer wohl nach ihm regieren sollte, denn er hatte keine Kinder. Er hatte aber als König oft von wunderbaren und seltsamen Dingen erzählen hören, die im Wald von Sagaland verborgen seien und die seine Neugier sehr erregt hatten.

Er beschloss deshalb, diese erstaunlichen Dinge suchen zu lassen, damit man sie auf seinem Schloss zusammentragen könne und jedermann sie sehen und sich darüber wundern könnte.

Als der König diesen Plan gefasst hatte, ließ er überall verkünden, derjenige sollte sein Nachfolger werden, der ihn als Erster zu dreien dieser wunderbaren Dinge führen könnte.

In diesem uralten Märchenwald sind viele Märchenschätze versteckt. Findet ihr sie alle? Wisst ihr, zu welchen Märchen die Bilder gehören? Erzählt, was die Dinge bedeuten und was das Besondere daran ist. Zu wem gehören sie? Wer spielt in dem Märchen mit? Wie geht das Märchen zu Ende?

Ein Märchen-Ratespiel:

1. *Suche dir einen Märchenschatz heraus, verrate ihn aber nicht.*
2. *Spiele eine kleine Szene aus dem Märchen vor ohne dabei zu sprechen.*
3. *Wer erraten hat, zu welchem Märchen die Szene gehört, der schreibt den Namen des Märchens auf einen kleinen Zettel.*

Weißt du, welches Märchen hier angesprochen ist? Kannst du es erzählen?

Rumpelstilz sucht Freunde

Ach wie dumm, dass niemand weiß,
dass ich Rumpelstilzchen heiß'.
Niemand schreibt mir Liebesbriefe,
niemand fragt, ob ich gut schliefe.
Niemand schreibt mir Ansichtskarten,
lädt mich ein in seinen Garten.
Niemand wünscht mir frohe Feste,
niemals kommen zu mir Gäste.
Niemals schrillt das Telefon,
so geht das seit Jahren schon.
Doch so will ich nicht verweilen,
deshalb schreib ich diese Zeilen.
Damit nun ein jeder weiß,
dass ich Rumpelstilzchen heiß'.

Gerald Jatzek

Das bayerische Rotkäppchen

Er klopft, de Oma schreit: „Kimm rei!"
Sie moant, des Rotkäppchen daats sei,
do rennt da Woif nei, aus is, gor,
und frisst's glei zamm mit Haut und Horr.

Pressiern duads, er lafft ummanand,
ziagt o der Großmuada ihr Gwand,
dann er no schnoi de Schlofhaum nimmt
und wart, dass s Rotkäppchen boid kimmt.

Elfie Meindl

Kennst du das ganze Märchen? Kannst du es erzählen?

Grünkäppchen

„Es war einmal ein kleines Mädchen, das hieß Gelbkäppchen." ●
„Nein! Rotkäppchen!"
„Ach ja, natürlich Rotkäppchen. Also, eines Tages rief die Mutter nach ihr und sagte: ‚Grünkäppchen'." ●
„Rot!"
„Entschuldigung! Rot. Also sie sagte:
‚Kind, geh zur Tante Marie und bringe ihr Kartoffeln'." ●
„Halt! So geht das nicht! Es muss heißen:
‚Geh zur Großmutter und bringe ihr diesen Kuchen.'"
„Stimmt. Das kleine Mädchen machte sich also auf den Weg.
Im Wald traf es eine Giraffe." ●
„Du bringst auch alles durcheinander!
Es traf einen Wolf."
„Und der Wolf fragte das kleine Mädchen:
‚Wie viel ist zwei und zwei?'" ●
„Aber nein. Der Wolf wollte wissen, wo sie hinging."
„Ja, das tat er. Und Schwarzkäppchen erwiderte ..." ●
„Rot! Rot!! Rot!!!"
„Sie antwortete: ‚Ich gehe zum Markt, Tomaten kaufen.'" ●
„Nein, das sagte das kleine Mädchen nicht.
Es sagte: ‚Ich gehe zu meiner kranken Großmutter,
aber ich habe mich verirrt.'"
„Natürlich, so war es! Und das Pferd antwortete ..." ●
„Was für ein Pferd? Es war ein Wolf."
„Richtig. Und der sagte: ‚Nimm die Linie 75.
Steig am Marktplatz aus und geh rechts um die Ecke.
Am ersten Haus findest du drei Treppenstufen.'" ●

Gianni Rodari

Ein Kind aus der Gruppe liest das Märchen vor.
Bei den dicken Punkten im Text stoppt
das Vorlesekind, die anderen Kinder müssen
dann sagen, wie es im Märchen wirklich heißt.

Die Bienenkönigin

Zwei Königssöhne gingen auf Abenteuer aus und gerieten in ein wildes, wüstes Leben, sodass sie gar nicht wieder nach Haus kamen.
Der Jüngste, der Dummling, ging aus und suchte seine Brüder. Wie er sie fand, spotteten sie, dass er mit seiner Einfalt sich durch die Welt schlagen wolle, da sie zwei nicht durchkämen und wären doch viel klüger.

Da zogen sie miteinander fort und kamen an einen Ameisenhaufen. Die zwei Älteren wollten ihn aufwühlen und sehen, wie die kleinen Ameisen in der Angst herumkröchen und ihre Eier forttrügen, aber der Dummling sagte: „Lasst die Tiere in Frieden, ich leid's nicht, dass ihr sie stört."

Dann gingen sie weiter und kamen an einen See, auf dem schwammen viele, viele Enten. Die zwei Brüder wollten ein paar fangen und braten, aber der Dummling sagte wieder: „Lasst die Tiere in Frieden, ich leid's nicht, dass ihr sie tötet."

Endlich kamen sie an ein Bienennest, darin war so viel Honig, dass er am Stamm herunterlief. Die zwei wollten Feuer unter dem Baum legen, dass die Bienen erstickten und sie den Honig wegnehmen könnten.
Der Dummling hielt sie aber wieder ab und sprach: „Lasst die Tiere in Frieden, ich leid's nicht, dass ihr sie verbrennt."

Da kamen die drei Brüder in ein Schloss, wo in den Ställen lauter steinerne Pferde standen, auch war kein Mensch zu sehen, und sie gingen durch alle Säle, bis sie vor eine Tür ganz am Ende kamen, davor hingen drei Schlösser, es war aber mitten in der Türe ein Lädlein, dadurch konnte man in die Stube sehen. Da sahen sie ein graues Männchen an einem Tische sitzen, das riefen sie an – einmal, zweimal, aber es hörte nicht. Endlich riefen sie zum dritten Mal und da stand es auf und kam heraus.
Es sprach kein Wort, fasste sie aber an und führte sie zu einem reich besetzten Tisch, und als sie gegessen hatten, führte es einen jeglichen in ein eigenes Schlafgemach.
Am anderen Morgen kam es zu dem Ältesten, winkte ihm und brachte ihn zu einer steinernen Tafel, darauf standen die drei Aufgaben geschrieben, wodurch das Schloss erlöst werden konnte.

Die erste war: In dem Wald unter dem Moos lagen die tausend Perlen der Königstochter, die mussten aufgesucht werden, und vor Sonnenuntergang durfte nicht eine einzige fehlen, sonst ward der, welcher es unternahm, zu Stein.

Der Prinz ging hin und suchte den ganzen Tag, als aber der Tag zu Ende war, hatte er erst hundert gefunden und ward in einen Stein verwandelt.
Am folgenden Tag unternahm der zweite Bruder das Abenteuer, er ward aber wie der älteste zu Stein, weil er nicht mehr als zweihundert gefunden hatte.

Endlich kam auch an den Dummling die Reihe, der suchte im Moos. Es war aber so schwer, die Perlen zu finden, und ging so langsam, da setzte er sich auf einen Stein und weinte. Und wie er so saß, kam der Ameisenkönig, den er einmal erhalten hatte, mit fünftausend Ameisen, und es währte gar nicht lang, so hatten sie die Perlen miteinander gefunden und auf einen Haufen getragen.

Die zweite Aufgabe aber war, den Schlüssel zu der Schlafkammer der Prinzessin aus dem See zu holen. Wie der Dummling zum See kam, schwammen die Enten, die er einmal gerettet hatte, heran, tauchten unter und holten den Schlüssel aus der Tiefe.

Die dritte Aufgabe aber war die schwerste: Aus den drei schlafenden Töchtern des Königs sollte die jüngste und die liebste herausgesucht werden. Sie glichen sich aber vollkommen und waren durch nichts verschieden, als dass die älteste ein Stück Zucker, die zweite Sirup, die jüngste einen Löffel voll Honig gegessen hatte, und es war bloß an dem Hauch zu erkennen, welche den Honig gegessen.

Da kam aber die Bienenkönigin von den Bienen, die der Dummling vor dem Feuer geschützt hatte, und versuchte den Mund von allen dreien, zuletzt blieb sie auf dem Mund sitzen, der Honig gegessen, und so erkannte der Prinz die rechte.

Da war aller Zauber vorbei, alles war aus dem Schlaf erlöst und wer von Stein war, erhielt seine menschliche Gestalt wieder, und der Dummling vermählte sich mit der jüngsten und liebsten Prinzessin und ward König nach ihres Vaters Tod: Seine zwei Brüder aber vermählten sich mit den beiden anderen Schwestern.

Brüder Grimm

Suche für die verschiedenen Abschnitte in diesem Märchen Überschriften.

Die Frühlingssonne lacht

Wie der Frühling den Winter vertreibt

Weithin funkelt das Schloss des Winters. Seine Mauern und Türme sind aus Eis und die Dächer aus glitzerndem Schnee.
In einer mächtigen Halle sitzt der alte, eisgraue König auf seinem Thron. Wenn er durch die Fenster aus hauchdünnen Eisscheiben zuschaut, wie die kalten Winde durch das frierende Land pfeifen, lacht er schadenfroh.
In seinem Schloss ist es so kalt, dass man darin nicht weinen kann. Die Tränen gefrieren zu kleinen Eisperlen und fallen klirrend auf den Boden.
Der alte Winter herrscht schon lange Zeit. Niemand weiß, wann seine Regierung zu Ende gehen wird.
Einmal hatten sich im Reich des Königs Winter schon ein paar schneefreie Flecken gezeigt. Aber daraus machte sich der Winter nichts.
Er trat vor sein Schloss, begann zu husten und schon fiel wieder Schnee in großen Flocken vom Himmel.
Eines Tages jedoch pocht ein Jüngling mit goldblonden Haaren an die Tür des Schlosses und tritt ein.
Er trägt ein Kleid aus leuchtenden Blüten.

(625) *Winterbild – Polyp – Wintergeist,* Friedensreich Hundertwasser, 1966

„Wer bist du? Was willst du?“, fährt König Winter den Jüngling an, der vor Kälte zittert.
„Ich heiße Frühling“, sagt dieser leise und bescheiden: „Ich komme dir zu sagen, dass deine Zeit um ist.“
Da lacht der Winter grimmig. „Pass auf“, sagt er dann, „dass du nicht zu einem Schneemann wirst. Ich bleibe in diesem Land, solange es mir gefällt.“ Auf einmal wird seine Stimme ganz heiser und dicke Tropfen treten auf seine Stirn. Ein schlimmer Husten überfällt ihn. Was ist geschehen?
Die Tür des Schlosses war offen geblieben und ...

... heimlich sind die beiden Gehilfen des Frühlings hereingekommen. Ein dicker, heißer Sonnenstrahl und der warme Südwind bringen alles zum Schmelzen.
Der alte Winter brummt zornig und fängt kräftig zu schwitzen an. Und immer kleiner und kleiner wird er. Ganz klein wird er.
Schnell packt er die kalten Winde in einen Sack und rennt davon, den Bergen zu. Doch er dreht sich noch einmal um und brummt böse: „Wartet nur! Ich komme wieder!“

Der Frühling aber ist im Glanz der Sonne zu einem herrlichen König geworden. Mit ihm sind tausend Blumenkinder und tausend Vögel gekommen.
Sie tanzen im Sonnenschein über das grünende Land.
Sie haben keine Angst mehr vor dem winzigen Männlein, das eilig ins Gebirge flüchtet.

Bildet Gruppen. Jede Gruppe sucht sich einen der 4 Abschnitte aus – auch der Anfang auf Seite 101 zählt mit. Übt das Vorlesen eures Abschnitts. Lest euch anschließend die Geschichte vor. Setzt auch Instrumente ein: Rassel ...

Ins Weiße blickend

Schnee hat auf Katzenpfoten
den Garten zurückerobert,
die Dächer und Bäume besetzt.
Erfroren starren
die Knospen dich an,
schwarze Pupillen
im Weiß der Zweige.

Wolfgang Bächler

Leise zieht durch mein Gemüt

Leise zieht durch mein Gemüt
liebliches Geläute.
Klinge, kleines Frühlingslied,
kling hinaus ins Weite.

Kling hinaus bis an das Haus,
wo die Blumen sprießen.
Wenn du eine Rose schaust,
sag, ich lass sie grüßen.

Heinrich Heine

Eines Morgens ist der Frühling da

Die Mutter sagt,
sie riecht ihn in der Luft.

Pit sieht den Frühling.
An den Sträuchern im Garten
sind hellgrüne Tupfen.

Anja hört den Frühling.
Neben ihr auf dem Dach
singen die Vögel.

Unten vor dem Haus
steigt Vater in sein Auto.
Er fühlt den Frühling.
Die Sonne scheint warm
auf sein Gesicht.

Aber schmecken
kann man den Frühling
noch nicht.
Bis die Erdbeeren reif sind,
dauert es noch lange.

Christine Nöstlinger

173

Der 1. April

„Frag mal den Nachbarn, ob er uns seine Graszange leiht!“
„Geh, hol mir für fünfundzwanzig Cent Ibidumm!“
„Vorsicht, du trittst in ein Luftloch!“

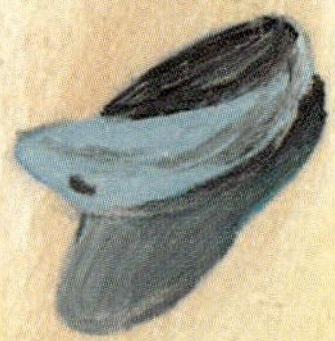

So ähnlich ist bestimmt jeder schon einmal in den April geschickt worden – oder er hat andere damit hereingelegt. Am 1. April muss man auf jeden Scherz gefasst sein. Sogar in den Zeitungen kann man verrückte Meldungen lesen, auf die viele Leute hereinfallen. In einer Münchener Zeitung stand einmal am 1. April:

„Achtung! Umtausch von alten Hüten!
Im Rathaus Zimmer 27 werden in der Zeit
von 11 bis 12 Uhr
fünf alte Hüte gegen einen neuen getauscht.“

Und man soll es nicht glauben, es kamen wirklich eine Menge Leute mit alten Hüten angelaufen! – April, April! Warum ausgerechnet am 1. April? Kein Lexikon kann darüber eine befriedigende Auskunft geben. Da steht nur: „Jemanden in den April schicken ist ein uralter Brauch, der über große Teile der Erde verbreitet ist.“ Aber etwas anderes steht da noch. Nämlich, dass der 1. April früher als Unglückstag galt und Schwendtag genannt wurde. Das Wort kommt von schwinden und will sagen, dass alles, was man an diesem Tag beginnt, kein gutes Ende nehmen kann, es „schwindet“. Dieser Aberglaube war so gefestigt, dass am 1. April keine wichtigen Entscheidungen getroffen wurden. Wer erkrankte oder sich verletzt hatte, dem sagte man einen schlechten Heilungsverlauf voraus. Es war sogar schwer, jemanden zu finden, der eine Wunde behandeln wollte. – Da ist es schon besser, dass aus dem Unglückstag jetzt ein Narrentag geworden ist!

Tilde Michels

Bist du auch schon mal in den April geschickt worden?

176

Wie der Hase zum Osterhasen wurde

Wer hat eigentlich die Geschichte vom Osterhasen erfunden?

Das weiß heute niemand mehr so genau. Fest steht, dass Ostern das älteste Fest ist, das wir Menschen kennen! In grauer Vorzeit war es ein Frühlingsfest. Der Name kommt wahrscheinlich von dem Wort „Ostera“. So nannten die alten Germanen, unsere Vorfahren, ihre „Göttin des aufsteigenden Lichts“, die Frühlingsgöttin.

Und warum schenkt man sich zu Ostern Eier?

Auch das hat mit dem Frühling zu tun. Denn um diese Zeit legen die Vögel nach dem langen Winter ihre Eier.

In längst vergangenen Zeiten hatten es die Menschen im Winter nicht so angenehm wie wir heute. Es war eine grausame Jahreszeit und jeder war froh, wenn diese Zeit vorbei war und die Natur lebendig wurde.

Deshalb waren Eier für die Menschen immer schon ein Symbol, das heißt ein Zeichen, für den neuen Anfang, für Fruchtbarkeit und Leben und damit für Glück!

Aus Freude über den Frühling feierten sie ein Frühlingsfest und beschenkten sich gegenseitig mit dem Glücks- und Lebenssymbol.

So entstanden unsere Ostereier.

Und die Freude darüber war noch größer, wenn man damit überrascht wurde, wenn man sie also „durch Zufall“ fand. Irgendwo fingen dann wohl die Kinder an zu fragen, woher denn die bunten Eier stammten, die draußen unterm Busch lagen.

Ja, wer könnte die wohl gebracht haben?

Denk nicht, dass das überall ein Hase war! Nein, an jedem Ort erzählten die Großen von einem anderen „Ostertier“:

In der Schweiz war es der Kuckuck, im Elsass der Storch. In Sachsen brachte der Hahn die Eier und in Hessen der Fuchs.

Und an anderen Orten trieb sich der Feldhase zur Osterzeit besonders nah bei den frisch bepflanzten Hausgärten herum!

Nun wissen wir schon lange, dass sich Hasen (und Kaninchen) recht schnell vermehren. Während viele andere Tiere nur einmal im Jahr Junge bekommen, haben sie vier-, sogar fünfmal Nachwuchs.

Kein Wunder, dass der Hase unter den „Ostertieren“ bald das Rennen machte. Denn seine Vermehrungsfreudigkeit gefiel den Menschen. Er wurde, wie das Ei, ein Symbol für Fruchtbarkeit.

So wurde der Hase vor rund vierhundert Jahren zum Eierbringer – auch wenn er selbst gar keine Eier legt.

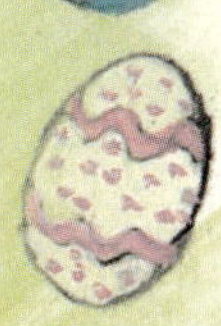

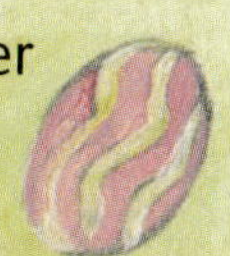

Palmbuschen und Palmesel

An die Osterfeste unserer Kinderzeit erinnere ich mich noch gut und gerne. Als Zehn- und Zwölfjährige freuten wir uns schon auf den Palmsonntag, weil wir von da an nur noch eine Woche auf das Osterfest warten mussten und weil wir an diesem Tag schon am frühen Morgen die Palmkätzchen im Wald holen durften. Als ich einmal auch meiner Tante Marie solch einen Strauß für die Osterwoche brachte, fragte sie: „Weißt du auch, warum diese molligen Weidenblüten gerade ‚Palmkätzchen‘ heißen und warum sie so gerne am Sonntag vor Ostern gepflückt werden?“

„Nein“, sagte ich, „wie Palmzweige sehen sie doch nicht aus!“

„Aber wenn du an Palmen denkst, bist du auf der richtigen Spur“, sagte sie. „Da bei uns um diese frühe Jahreszeit vor allem die Salweiden und Haselbüsche blühen, müssen uns eben Palmkätzchen und Haselwürstchen an jene Palmzweige erinnern, die von einer jubelnden Menge auf den Weg gestreut wurden, als Jesus, auf einer Eselin reitend, in die Stadt Jerusalem einzog. Die Leute waren von ihm damals so begeistert, dass sie sogar Gewänder und Tücher wie Teppiche vor ihm ausbreiteten. Aber“, sagte meine Tante weiter, „dieser Jubel und diese frohen Zurufe beim Einzug Jesu waren der Anfang seiner Leidenswoche, an die wir zwischen dem Palmsonntag und dem Osterfest denken wollen.

Weißt du, in vielen Gegenden ist es heute noch Brauch, große Palmbesen in die Kirche zu tragen, damit alle an die Leiden Jesu und an seine Rutenschläge erinnert werden. Die Burschen binden deshalb viele Palmzweige an einen Stock, den sie mit farbigen Bändern schmücken.
Jeder von ihnen möchte einen möglichst großen ‚Palmbesen‘ oder ‚Weihepalm‘ haben, wenn sie kurz vor der Weihehandlung durch die Kirchtüren einziehen. Und nun weißt du auch, was mit ‚Palmesel‘ gemeint ist, eben jenes Eselchen, von dem damals die Palmzweige auf den Weg gestreut wurden. Und jeder, der heutzutage noch am Palmsonntag als Letzter einer Familie aus den Federn kommt, muss sich an diesem Tag den Spottnamen ‚Palmesel‘ gefallen lassen, weil er den Einzug Jesu verpasst hat.“

„Siehst du, Tante“, sagte ich, „deshalb stehen wir doch immer so früh auf, wenn wir den Palmkätzchenstrauß holen.“

Alfred Birkel

Eleni aus Griechenland erzählt

Ich heiße Eleni und wohne in Griechenland, in Athen. Auf Ostern freue ich mich schon immer wochenlang im Voraus, denn Ostern ist bei uns das schönste Fest, das ich mir vorstellen kann – und das wichtigste dazu. Denn da ist Christus auferstanden und der Frühling beginnt. Für mich fängt Ostern in der Nacht davor an: Da weckt mich meine Mutter um elf Uhr nachts. Ich ziehe dann mein schönstes Kleid an und gehe mit der ganzen Familie zusammen zur Auferstehungsfeier. Ganz Athen ist da auf den Beinen! Alle Leute haben eine brennende Kerze in der Hand; das sieht wunderschön aus in der Dunkelheit. Und es riecht herrlich nach Zitronenblüten und nach Weihrauch und Bienenwachs.

Um Mitternacht läuten die Glocken und der Priester verkündet Christus amesti, das heißt „Christus ist auferstanden".

Und dann umarmen wir uns alle und küssen uns, auch die, die wir gar nicht kennen oder die wir sonst nicht ausstehen können.

In diesem Moment ist das alles vergessen. Wir lachen und freuen uns, und wenn wir dann später auf der Straße oder auch am nächsten Tag jemanden grüßen, sagen wir nicht wie sonst „guten Tag", sondern kali anastasi – das heißt „gute Auferstehung".

Nach der Kirche gehen wir dann alle noch mal ins Bett, weil wir ja ausgeschlafen sein wollen für das große Fest am Ostersonntag.

Da fahre ich mit meinen Eltern und Geschwistern schon in der Früh raus aus Athen, in ein kleines Dorf.

Fast alle Leute machen das so – Athen ist richtig menschenleer am Ostersonntag.

Ja, und in den Dörfern wird dann gefeiert – überall sieht man Rauchfahnen, von den Osterlämmern, die am Spieß gebraten werden. Dazu gibt es Schafskäse und Tomaten und Oliven und Brot, das die Mutter frisch gebacken hat. Und dann singen und tanzen wir und jeder, der vorbeikommt, wird eingeladen mitzufeiern.

Margot Litten

Muttertag

Von allen Müttern auf der Welt
ist keine, die mir so gefällt
wie meine Mutter, wenn sie lacht
und wenn sie mir die Tür aufmacht.
Auch wenn sie aus dem Fenster winkt
und mit mir rodelt, mit mir singt,
wenn sie auf meinem Bettrand sitzt,
solang es donnert oder blitzt,
und wenn sie sich mit mir versöhnt,
bei einer Krankheit mich verwöhnt –
ja, was sie überhaupt auch tut,
ich mag sie immer, bin ihr gut,
und hin und wieder wundert's mich,
dass wir uns fanden, sie und ich.

Rosemarie Neie

Mai

Ich und die anderen

Senecio
Paul Klee, 1922

Ich freu mich

Ich freu mich, dass ich Augen hab,
die alles ringsum sehn.
Freu mich, dass ich Füße hab,
wohin ich will zu gehn.
Freu mich über meine Ohren,
dass ich die Vögel hören kann –
und zieht der Kuchenduft ins Zimmer,
wie freut mich meine Nase dann.

Die Hände greifen, was ich will,
die Finger halten selten still –
und meine Haare kitzeln mich,
und was der Kopf denkt, spreche ich.

Lutz Rathenow

Rosalinde hat Gedanken im Kopf

Manchmal hat Rosalinde Berufsgedanken. Einen Beruf braucht jeder einmal, hat die Mama gesagt. Man muss sich rechtzeitig überlegen, was aus einem einmal wird.

Der Fredi weiß schon genau, was aus ihm einmal wird. Fußballer wird der Fredi, sagt er. Mittelstürmer.

Rosalinde würde auch gern Fußballerin werden. Tor-Frau möchte sie später einmal sein. Aber alle Buben in der Klasse lachen sie deswegen aus. „Plemplem, total plemplem“, sagen sie und tippen sich an die Stirn.

Die Mädchen in Rosalindes Klasse finden eine Tor-Frau auch „plemplem, total plemplem“.

Darum redet Rosalinde in der Schule nicht mehr von ihrem Lieblingsberuf. Sie denkt sich Ersatzberufe aus: Fernlastfahrerin, Baggerführerin, Försterin, Hundezüchterin, Taxifahrerin, Schornsteinfegerin, Sportreporterin …

Aber auch mit den Ersatzberufen hat Rosalinde in der Klasse nicht viel Erfolg. Mädchen, das sagen alle in der Klasse, werden einmal andere Berufe haben: Lehrerin, Krankenschwester, Friseuse, Verkäuferin, Bürofrau, Kinderärztin … Nur Rosalinde mag das alles nicht werden!

Stundenlang, tagelang, wochenlang, monatelang hat sich Rosalinde gut zugeredet. Nach stundenlangem, tagelangem, wochenlangem, monatelangem Nachdenken hat sich Rosalinde gesagt:

Nein! Das sind ja alles ganz nette und gute und anständige Berufe, aber das ist alles nichts für mich! Das ist nämlich alles nichts gegen

eine Hochsee-Kapitänin,
eine Düsenflieger-Pilotin,
eine Raumfahrerin,
eine Brückenbau-Ingenieurin – und
eine Tor-Frau!

Der Fredi ist bei Rosalinde zu Besuch.

Sie spielen mit dem Geburtstagsbagger und mit dem Baukasten und mit der Autobahn.

Rosalinde versucht dem Fredi die Sache mit den Berufen zu erklären. Der Fredi ist ihr Freund. Der Fredi muss das verstehen.

Doch der Fredi behauptet: „Ingenieur kannst du nicht werden. Da muss man viel mit Zahlen und Rechnen tun. Mädchen sind nicht dafür begabt!“

Bei den Rechenarbeiten schreibt der Fredi immer von Rosalinde ab. Eine ganze Menge „nicht genügend“ hätte er schon bekommen, wenn er Rosalinde nicht als Nachbarin hätte.

„Außerdem verstehen Mädchen von der Technik nichts“, sagt der Fredi.

Gestern hat Rosalinde Fredis Vierminen-Kugelschreiber repariert, weil es der Fredi nicht geschafft hat. Und vorgestern hat Rosalinde dem Fredi erklärt, wozu die Räder im Wecker da sind und warum ein Wecker eine Feder braucht und wieso ein Batteriewecker keine Feder braucht und viel weniger Räder hat. Rosalinde weiß das. Der Opa hat es ihr erklärt.

„Und Kapitän geht schon überhaupt nicht“, sagt der Fredi. „So ein Kapitän, der braucht viel Mut. Der braucht dreimal so viel Mut, wie ein Mädchen überhaupt haben kann!“

Da wird Rosalinde wütend, sie schreit: „Du Depp, du! Wer traut sich vom Dreimeterbrett zu springen? Ich oder du? Wer traut sich in den finsteren Keller runter? Ich oder du? Wer klettert auf den Kastanienbaum? Ich oder du?“

Der Fredi tut, als wären das alles keine besonders mutigen Sachen. Der Fredi sagt: „Das könnte ich doch auch. Ich will bloß nicht!“

Jetzt ist Rosalindes Wut so groß, dass sie rot vor Zorn wird und richtig zittert. Sie springt auf und packt den Fredi am Arm. „Gib zu, dass ich zumindest genauso mutig bin wie du!“, brüllt sie. Der Fredi gibt es nicht zu.

Rosalinde zieht den Fredi vom Sessel hoch. Sie beutelt ihn durch. Der Fredi will sich losreißen, aber es gelingt ihm nicht. Da tritt er mit den Füßen nach Rosalindes Schienbeinen. Fußtritte, die weh tun, machen die wütende Rosalinde noch wütender. Sie packt den Fredi, hebt ihn hoch und schleudert ihn aufs Bett. Der Fredi saust auf die Matratze. Die Matratze hopst, der Betteinsatz quietscht und der Fredi schreit: „Aber auf alle Fälle hast du für einen richtigen Männerberuf nicht genug Kraft!“ Tränen rinnen dem Fredi über die Wangen.

Da gibt es Rosalinde auf! Manchmal nützt „Rechthaben“ gar nichts. Manchmal nützen alle Beweise fürs „Rechthaben“ gar nichts. Manchmal, denkt Rosalinde, könnte man aus der Haut fahren!

Christine Nöstlinger

Wie findest du Fredis Verhalten? Gibt es Männer- und Frauenberufe? Sprecht über eure Traumberufe.

Freundschaftsspiele

Ich kann dich fühlen

Für mindestens 6 Kinder.
Zu diesem Spiel braucht ihr
mehrere Bettlaken.
Ein Kind geht aus dem Raum.
Die anderen verstecken sich
jeweils unter einem Bettlaken.
Man darf nichts mehr von
ihnen sehen, auch nicht die Schuhe.
Das Kind kommt wieder herein
und muss jetzt fühlen, wer unter
den Bettlaken steckt.
Dann geht der Nächste hinaus.
Die anderen wechseln schnell
die Plätze.
Wer erkennt die meisten „Mumien“?
Achtung: Nicht sprechen oder
quietschen, sonst erkennt man
euch zu schnell. Kitzeln gilt nicht!

Ich zeig dir den Weg

Legt eine Strecke mit Hindernissen fest.
Bildet Paare. Einem Kind werden
die Augen verbunden.
Das andere führt es an der Hand
oder leitet es durch Zurufen.
Ihr könnt auch das linke Bein
eines Kindes mit dem rechten Bein
des anderen zusammenbinden.
Beide müssen die Strecke
gemeinsam zurücklegen.
Probiert verschiedene Möglichkeiten aus.
Wechselt euch ab.
Welches Paar ist am schnellsten am Ziel?

Du bist mein Spiegelbild

Stellt euch paarweise gegenüber auf.
Ein Kind bewegt sich wie vor einem Spiegel.
Das andere ist das Spiegelbild:
Es muss die Bewegungen möglichst
genau mitmachen.
Nach ein paar Minuten wird gewechselt.

Christa Vogt

172

Flechtanleitung für ein Freundschaftsbändchen

Du brauchst: Wollreste in vier verschiedenen Farben und eine Schere.

Schneide 8 Fäden auf etwa 50 cm Länge zu.
Jeweils zwei Fäden müssen dieselbe Farbe haben und werden dann als eine Strähne behandelt.
Verknote die Fäden am Ende miteinander.

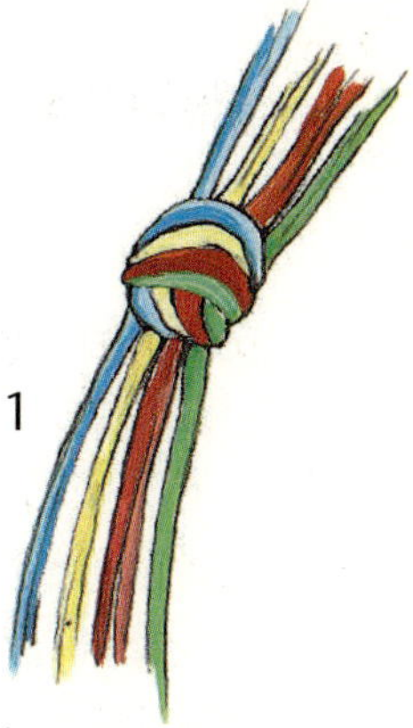

Bild 1

Um richtig flechten zu können bittest du jetzt jemanden den Knoten für dich zu halten.
Wenn zwei Freunde ihr Bändchen füreinander flechten, so können sie sich gegenseitig halten.

Lege jetzt wie bei Bild 2 die Strähne 1
über die Strähne 2,
dann unter die Strähne 3
und nun über die Strähne 4.
Sie ist jetzt ganz rechts.

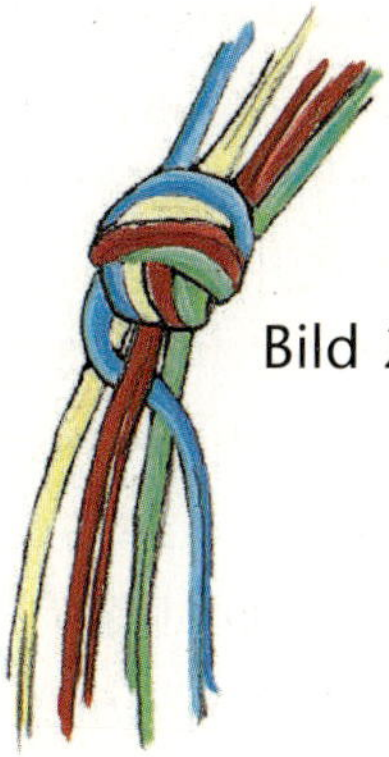

Bild 2

Strähne 2 ist jetzt ganz links.
Sie wird, wie auf Bild 3
über Strähne 3,
dann unter Strähne 4
und über Strähne 1 gelegt.

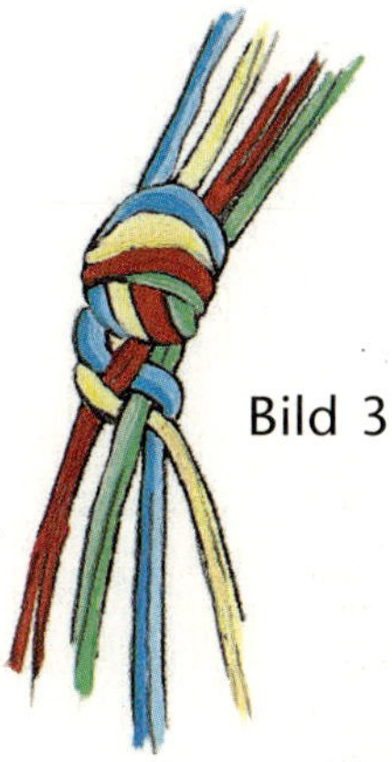

Bild 3

Wie auf Bild 4 wird nun
weitergeflochten.
Dabei werden immer
die jeweils linken Strähnen
über, unter und wieder über
die rechts anliegenden gelegt.

Wenn dein Freundschaftsbändchen
lang genug ist,
verknotest du die Fäden
am unteren Ende wieder miteinander.

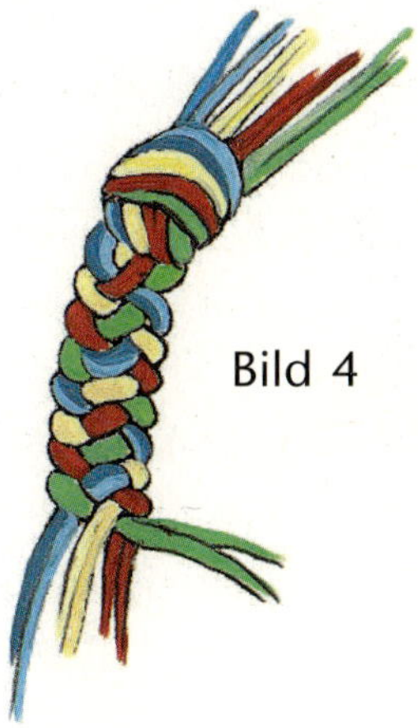

Bild 4

Ein richtiger Bub

Anton wünschte sich ein Meerschweinchen. Sein Vater brachte ihm einen Fußball mit.

„Ich hab dir einen echten Lederfußball gekauft. Geh Fußball spielen, bei so einem herrlichen Wetter muss ein richtiger Bub doch draußen sein und Fußball spielen!“

Aber Anton fürchtete sich vor dem Fußball. Am Abend kam er heulend und mit Nasenbluten nach Hause.

„Was ist denn los?“, fragte der Vater.

„Ich habe den Ball auf die Nase gekriegt, und dann haben die Großen gespielt, wer den Ball über das Drahtgitter kicken kann, und dann ist der Ball in einem Baum hängen geblieben und alle sind weggegangen.“

„Aus dir wird nie ein richtiger Bub!“, sagte der Vater.

„Ich möchte ein Meerschweinchen“, sagte Anton.

Der Vater brachte Anton ein Skateboard mit.

„Geh Skateboard fahren!“, sagte der Vater. „Heutzutage fahren alle Buben Skateboard. Es gibt richtige Artisten unter ihnen, die machen Sprünge und Figuren damit. Wir, zu meiner Zeit, wir haben so was noch gar nicht gekannt.“

Aber Anton hatte Angst vor dem Skateboard. Am Abend kam er hinkend nach Hause und schleppte das Skateboard hinter sich her.

„Was ist denn los?“, fragte der Vater.

„Ich bin in eine Frau mit Einkaufstasche hineingefahren und wir sind beide hingefallen und die Eier waren kaputt. Und dann bin ich bei der Fußgängerunterführung die Treppe hinuntergefallen, weil ich doch nicht bremsen kann.“

„Und das Skateboard?“

„Da sind die Rollen verbogen und klemmen.“

„Aus dir wird nie ein richtiger Bub!“, sagte der Vater.

„Ich möchte ein Meerschweinchen“, sagte Anton.

Der Vater brachte Anton einen Bumerang mit.
„Geh Bumerang werfen“, sagte der Vater, „damit du einen anständigen Bizeps kriegst. Als wir Buben waren, haben wir immer von einem Bumerang geträumt. Bei so einem Wetter spielt ein richtiger Bub doch Indianer oder Eingeborener.“

Aber Anton fürchtete sich vor dem Bumerang.
Am Abend kam er nach Hause und legte den Bumerang still in eine Ecke.
„Hat es Spaß gemacht?“, sagte der Vater.
„Ja“, sagte Anton.
„Ist nichts passiert?“, sagte der Vater.
„Nein“, sagte Anton.
„Du hast gar nicht geworfen, was?“
„Nein“, sagte Anton.
„Aus dir wird nie ein richtiger Bub werden“, seufzte der Vater.
„Ein richtiger Bub haut wenigstens eine Fensterscheibe ein.“
„Ich möchte ein Meerschweinchen“, sagte Anton.

Der Vater brachte Anton ein Meerschweinchen mit.
„Ich hab dir ein Meerschweinchen mitgebracht“, sagte der Vater.
„Aus dir wird ja doch nie ein richtiger Bub. Und wer kein richtiger Bub ist, wird auch kein richtiger Mann. Später werd ich dir ein Fahrrad schenken und Hanteln und einen Expander. Vielleicht wird doch noch ein Bub aus dir.“

Und Anton nahm sein Meerschweinchen auf den Schoß, gab ihm Salat und drückte seine Nase in das weiche Fell.
Dann flüsterte er ihm ins Ohr: „Du wirst Rad fahren müssen und mit den Hanteln und mit dem Expander trainieren, sonst wirst du nie ein richtiges Meerschweinchen!“

Da biss ihn das Meerschweinchen in die Nase und lief davon.
„Ist ja gar nicht wahr!“, rief der Anton. „Ich hab ja nur Spaß gemacht! Ich geb dir Salat und du darfst in meinem Hemd auf meinem Bauch liegen!“
Aber er musste das Meerschweinchen noch stundenlang streicheln und mit der Nase im Ohr kitzeln und unter dem Hemd auf seinem Bauch liegen lassen, bis er es überzeugt hatte, dass er wirklich nicht ein richtiges Meerschweinchen aus ihm machen wollte.

Martin Auer / Bilder: Simone Klages

Was ist ein richtiger Bub?
Was ist ein richtiges Mädchen?

Mäuschenstill

Wer mäuschenstill am Bache sitzt,
kann hören, wie ein Fischlein flitzt.

Wer mäuschenstill im Grase liegt,
kann hören, wie ein Falter fliegt.

Wer mäuschenstill im Bette lauscht,
kann hören, wie der Regen rauscht.

Wer mäuschenstill ist und nicht brummt,
kann hören, wie die Biene summt.

Wer mäuschenstill ist und nicht murrt,
kann hören, wie's im Bauche knurrt.

Wer mäuschenstill ist und nicht stört,
kann hören, was man sonst nicht hört.

Alfred Könner

Seid ganz still.
Was hört ihr, wenn
ihr mäuschenstill seid?

Jakob und der Große Junge

Seit der Große Junge ihm immer am Stefansberg auflauert,
geht Jakob nicht mehr gern zur Schule.
Am liebsten würde er überhaupt nicht mehr hingehen.
Aber das erlaubt seine Mama nicht. Was soll Jakob nur machen?

Langsam geht Jakob weiter. Er rechnet jeden Augenblick damit, dass er auf den Großen Jungen trifft. Trotzdem erschrickt er sehr, als er ihm plötzlich gegenübersteht.
Der Große Junge hatte auf einer Mauer gesessen.
Jetzt springt er herunter, Jakob genau vor die Füße, und sagt:
„Na, Kleiner, du kannst wohl nicht grüßen, was?“
„Hallo“, sagt Jakob leise.
„Wie bitte? Ich höre nichts“, behauptet der Große Junge.
„Sprich lauter!“
„Hallo“, sagt Jakob noch einmal.
„Man nimmt den Hut ab, wenn man grüßt.
Weißt du das nicht?“, sagt der Große Junge, reißt Jakob die Mütze vom Kopf und wirft sie auf den Boden.
„Lass meine Mütze!“, ruft Jakob.
„Lass meine Mütze“, äfft der Große Junge ihn nach. „Heb sie doch auf!“

Als Jakob sich bücken will, hält ihn der Große Junge an den Haaren fest.
„Au, das tut weh!“, ruft Jakob.
„Warum hebst du sie denn nicht auf, deine schöne Mütze?“, fragt der Große Junge höhnisch.

Jakob antwortet nicht. Die Tränen stehen ihm in den Augen. Er beißt die Zähne zusammen. Er wird nicht weinen. Nicht vor diesem Jungen. Der Große Junge hebt die Mütze selbst auf und hängt sie an einen Zaunpfahl. „Hol sie dir doch!", sagt er. Aber Jakob hat sich schon umgedreht und ist weggerannt. „He, was ist mit deiner Mütze?", ruft ihm der Große Junge nach. „Komm her und hol sie!" Jakob antwortet nicht und rennt weiter. „Warte nur, morgen krieg ich dich!", ruft der Große Junge. „Da rennst du mir nicht einfach davon!"

Jakob bittet einen Jungen aus seiner Klasse ihm zu helfen.

Am nächsten Tag geht Mehmet wirklich mit Jakob von der Schule nach Hause. Am Stefansberg stellt sich ihnen der Große Junge in den Weg. „Lass uns in Ruhe, sonst kannst du was erleben", sagt Mehmet. „Wir sind zu zweit." „Denkt ihr, ich hab Angst vor zwei Zwergen?", fragt der Große Junge und packt Jakob vorne an der Jacke. Mehmet springt dem Großen Jungen auf den Rücken und umklammert seine Arme. „Hau ab! Mach, dass du da runterkommst!", ruft der Große Junge, lässt Jakob los und versucht Mehmet abzuschütteln. „Los, Jakob, zieh ihn an den Haaren! Box ihn!", ruft Mehmet. „Hau ihn! Er kann dir nichts tun, ich halt ihn fest." Jakob versucht zaghaft den Großen Jungen an den Haaren zu ziehen. Er schafft es nicht, denn der dreht sich immerzu um Mehmet von seinem Rücken zu schütteln. Mehmet wird dabei zu Boden geschleudert, steht aber gleich wieder auf. Jakob denkt: Jetzt wird sich der Große Junge auf ihn stürzen. Aber der Große Junge sagt: „Ich hab heute keine Lust mich mit solchen Zwergen wie euch rumzuärgern!"

Er lässt Jakob und Mehmet stehen und geht auf die andere Straßenseite.
„Hast du es gemerkt: Er traut sich nicht“, sagt Mehmet, als sie weitergehen. „Zu zweit sind wir nämlich stärker als er.“
„Du warst vielleicht mutig!“, sagt Jakob. „Wie du auf seinen Rücken gesprungen bist!“

„Ja, ja“, sagt Mehmet. „Aber warum hast du ihn nicht gehauen?“
Jakob zuckt die Achseln. „Ich kann das einfach nicht.“
„Deswegen ist er auch so gemein zu dir“, sagt Mehmet. „Der merkt genau, dass du dich nicht wehrst. Dass du nicht hauen kannst.“
„Aber jetzt sind wir ja zu zweit“, sagt Jakob. „Kommst du morgen wieder mit?“
„Immer kann ich nicht mit dir nach Haus gehn“, sagt Mehmet. „Was sagt denn da meine Mutter, wenn ich nur noch bei euch esse. Aber morgen komm ich noch mal mit.“

Paul Maar

Wie kann man sich sonst noch wehren?
Wie könnte Jakob sein Problem lösen?

Du bist da und ich bin hier

Du bist da
und ich bin hier.
Du bist Pflanze,
ich bin Tier.
Du bist Riese,
ich bin Zwerg.
Du bist Tal
und ich bin Berg.
Du bist leicht
und ich bin schwer.
Du bist voll
und ich bin leer.
Du bist heiß
und ich bin kalt.
Du bist jung
und ich bin alt.
Du bist sie
und ich bin er.
Du bist Land
und ich bin Meer.
Du bist dunkel,
ich bin hell.
Du bist langsam,
ich bin schnell.
Du bist schmal
und ich bin breit.
Du bist Anzug,
ich bin Kleid.
Du bist einsam,
ich allein.
Komm, wir wollen
Freunde sein!

Frantz Wittkamp

Stefan

Stefan sitzt in der Bank neben Melanie.
Alle andern Jungen sitzen neben Jungen.
Nur Stefan sitzt neben einem Mädchen.
Er sitzt gern neben Melanie.
Die Jungen hänseln Stefan und Melanie.
Auch die Mädchen hänseln sie.
Sie sagen: Stefan ist verliebt in Melanie!
Oder: Melanie ist verliebt in Stefan.
Stefan wird rot und auch Melanie wird rot.
Sie getrauen sich gar nicht mehr miteinander
zu sprechen. Am liebsten möchte Stefan
nicht mehr neben Melanie sitzen, obwohl
er sie mag. Von wo wissen die, dass ich
in Melanie verliebt bin, denkt Stefan.
Er selbst weiß nicht, ob er verliebt ist.
Er weiß überhaupt nicht, wie Verliebtsein ist.
Er fragt seine Mutter.
Wie ist das, wenn man verliebt ist?
Es kribbelt im Bauch und rumort
in der Herzgegend herum, sagt sie.
Mich sticht es in die Seite, sagt Stefan.
Das kommt nicht von der Liebe, das kommt
vom Fußballspielen, sagt die Mutter.
Diese Blödmänner, denkt Stefan, ich bin
doch gar nicht verliebt in Melanie!
Ich mag sie! Und fertig!

Karin Gündisch

Bei uns und anderswo

Die fliegende Mühle

Eine Besonderheit für Abenteuerlustige,
die absolut schwindelfrei sind.
Die fliegende Mühle
bringt dich überall hin,
wo du willst!
Schließe die Augen.
Siehst du
die fantastischen Länder
und Landschaften,
die du überfliegst?
Landen, kein Problem.
Sag einfach „Mühle still!"
Dann landet sie
sanft wie eine Feder.

Erwin Moser

180/181

Leben auf drei Rädern

Motilal, der Rikschafahrer, tritt kräftig in die Pedale. Sein Fahrgast hat es eilig. Plötzlich ein Jeep von rechts! Motilal reißt den Lenker nach links und bremst. Die Rikscha steht. Motilal schimpft. Mühsam schiebt er seine Rikscha wieder an, läuft nebenher, springt auf. Endlich erreichen sie den Bahnhof von Delhi. Der Fahrgast steigt ab und bezahlt: drei Rupien (zehn Cent). Weniger als abgemacht. Motilal steckt das Geld ein und wartet auf den nächsten Fahrgast.

Am Abend zählt Motilal seine Einnahmen: 50 Rupien. Das ist viel, manchmal kommen nur 20 Rupien zusammen. Trotzdem kann er von dem Geld kaum leben. Wie die meisten Rikschafahrer leiht Motilal sich seine Rikscha. Dafür muss er täglich 10 bis 12 Rupien seines Verdienstes abgeben.

Motilal ist einer von 200 000 Rikschafahrern in Delhi (Hauptstadt Indiens). Ihre Dreiräder befördern nicht nur Menschen, sondern auch alle anderen Lasten. In vielen Städten und Dörfern Indiens sind sie das einzige Transportmittel. Motilal hat kein Zuhause: Die Rikscha ist für ihn Heim und Bett. Alles, was er besitzt, passt in das kleine Fach unter dem Sitz.

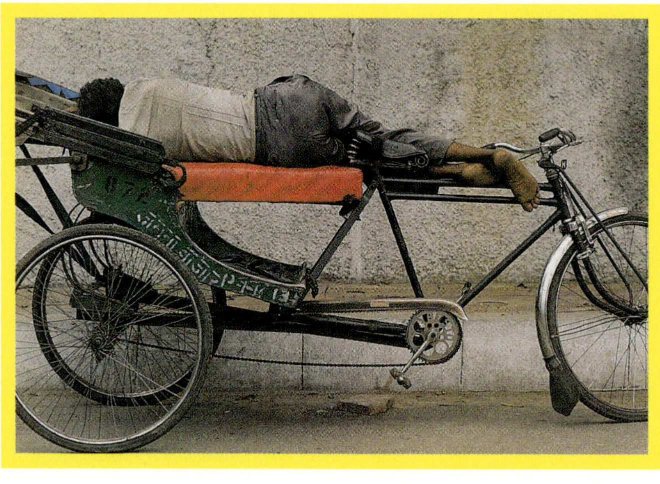

Wolfgang Gressmann

Jelaman und sein störrisches Haustier

Jelaman hat zum Geburtstag ein Kamel bekommen. In Usbekistan ist das völlig normal. Es ist das einzige taugliche Fortbewegungsmittel hier.
Kamele kommen am besten mit der extremen Hitze klar und sie verirren sich nie. In der endlosen Weite der Steppe finden sie immer den Weg nach Hause.
Deshalb sollen die Jungs hier so früh wie möglich lernen, mit den störrischen Vierbeinern klarzukommen. Jelaman ist neun und in diesem Alter können die meisten seiner Freunde bereits ihr eigenes kleines Kamel reiten.
Aber Jelaman hat keine Lust dazu, denn Kamel Lasha hat ihn gleich beim ersten Versuch kräftig vors Schienbein getreten.
Also geht er lieber zu Fuß als mit Lasha durch die Steppe zu reiten. Wenn er erwachsen ist, will er sowieso Schauspieler werden. Immerhin, inzwischen hat sich Jelaman von seinem Vater wenigstens zu einem kleinen Kamelritt überreden lassen.

Kathrina Zappe

Aus einem Lexikon:
Usbekistan ist ein Land in Mittelasien, etwa so groß wie Schweden. Die Hauptstadt heißt Taschkent.
Ein großer Teil des Landes ist Sandwüste. Im Osten wird das Land von Gebirgsflüssen bewässert, dort bauen die Landwirte Baumwolle, Reis und Maulbeerbäume an.

In dem Text erfährst du einiges über Kamele. Findest du noch mehr über diese Tiere heraus? Welche Möglichkeiten, Informationen zu sammeln, kennst du?

Kati lebt jetzt in Afrika

Kati lebt seit kurzer Zeit mit ihren Eltern in Ghana. In einem Brief erzählt sie ihrer besten Freundin Miriam von ihren ersten Erfahrungen dort.

Liebe Miriam,

du bist so weit weg von mir. Wie in einer anderen Welt. Du bist in Europa und ich bin in Afrika. Du lebst in Deutschland und ich lebe seit zwei Wochen in Ghana, in der Stadt Kumasi. Du flitzt vielleicht jetzt mit dem Fahrrad durch den Park und ich sitze hier bei siebenunddreißig Grad Hitze in dem Innenhof unseres kleinen Hotels und schreibe dir einen Brief.

Wir wollen noch ein bis zwei Wochen in der Stadt bleiben.. Danach erst fahren wir in das Dorf, in dem Papa als Arzt arbeiten wird.

Wir sind zurzeit die einzigen Gäste im Hotel, das nur sechs Zimmer hat. Die Leute im Haus sind sehr freundlich zu uns: die Hotelbesitzer Mr. und Mrs. Hayforth, der Kellner George, der Koch John und Ibrahim.

Ibrahim ist schon ein alter Mann und von Beruf Wächter. Jeden Abend kommt er zum Hotel, setzt sich mit einem langen Knüppel bewaffnet vor das Hoftor und hält über Nacht Wache. Auf seinen weißen, gekrausten Haaren trägt er ein besticktes Käppchen. So eins möchte ich auch haben, aber Mama sagt, das tragen hier nur moslemische Männer und keine Mädchen.

Am nettesten von allen ist Jenny und ich bin froh, dass es sie gibt. Jenny ist die Tochter von Mr. und Mrs. Hayforth. Sie ist genau wie ich zehn Jahre alt. Wir haben uns gleich vom ersten Tag an verstanden.

Eigentlich haben wir am Anfang nur herumgekichert, jedes Mal, wenn wir uns sahen. Als ich mal allein im Gästezimmer saß, hat Jenny mir Ananasstücke auf einem Teller gebracht und sich zu mir gesetzt. Wir haben die Ananas zusammen verspeist und versucht miteinander englisch zu reden.

Es gab schon Reis mit tropischen Früchten, Reis mit Fisch, Mangomus und immer wieder köstliche frische Ananas. Wenn nur die Soßen nicht so scharf wären!

Mama und Papa sind gerade mal wieder von dem Klima völlig geschafft. Von uns dreien vertrage ich die Hitze noch am besten.

Zu meinem schattigen Schreibplatz unter zwei hohen Palmen kommen so viele Geräusche von der Straße her, dass man denkt, da draußen feiern sie ein Straßenfest. So viele Stimmen von den Fußgängern und Straßenhändlern!

Moment mal, Miriam, es sieht ganz so aus, als spaziert gerade eine Nähmaschine draußen an der Hofmauer entlang!

Ich bin wieder da. Hab durch die Gittertür in der Mauer geguckt. Was glaubst du, womit bewegt sich eine Nähmaschine den Fußweg entlang? Mit zwei Menschenbeinen!

Eine Frau trägt sie auf dem Kopf, dieses schwere Ding.

Überhaupt hast du keine Ahnung davon, was die Leute hier alles auf dem Kopf tragen. Bücher, Stühle, Tische, Töpfe, Schüsseln, Körbe, sogar mehrere übereinander getürmte Körbe, volle Wassereimer, lange Stöcke, Taschen, Brot, Früchte. Einfach alles.

Jenny hat mir gezeigt, wie die Leute das machen. Unter besonders schwere Sachen legen sie ein zusammengedrehtes Tuch auf den Kopf.

Früher oder später muss ich natürlich auch zur Schule gehen. Aber das hat noch Zeit, ich soll mich erst an das neue Land gewöhnen, meinen Mama und Papa. Und außerdem sind hier noch Ferien.

„Jetzt lernst du direkt aus dem Leben, das ist manchmal mehr wert als das Lernen aus Schulbüchern", sagt Paps.

Mit Jenny macht das Englischreden richtig Spaß. Viel mehr als in der Schule.

Jenny hat fast schwarze Haut. Ich mit meiner rötlich verbrannten Haut sehe neben ihr richtig komisch aus.

Ich weiß gar nicht, wer sich ausgedacht hat uns „Weiße" zu nennen. Wir müssten eigentlich „die Rosanen" heißen.

Überhaupt habe ich das Gefühl, dass ich immer angeguckt werde, wenn ich in der Stadt spazieren gehe. Wahrscheinlich, weil ich eine „Rosane" bin. Und bisher habe ich in der Stadt noch nicht viele von meiner Hautfarbe gesehen. Vor allem keine Kinder. „Rosa" Kinder in Ghana sind wohl eine Seltenheit!

Weißt du, was toll wäre? Wenn du auf einmal hier auftauchen würdest und wir könnten zusammen die Stadt auskundschaften. Du und ich in Afrika!

Es soll hier in der Stadt auch einen König geben. Den möchte ich mal sehen. Morgen wollen meine Eltern mit mir auf den großen Markt gehen. In der Nähe soll auch der Königspalast sein.

Vergiss mich nicht, Miriam. Schreib mir bald! Ich warte sehr auf Post.

Deine Kati

Warst du auch schon mal im Ausland?
Was war dort neu für dich?
Wem hast du geschrieben?

Annelies Schwarz

Liebe Aygün!

177

Schenk mir deine Wörter,
schenk sie mir bald.
Wörter für Himmel,
für Sonne und Wald.
Wörter für Wiesen
mit Blumen bestreut.
Wörter für Flüsse,
für unendlich weit.

Wörter für Schafe
mit Fellen ganz dicht.
Wörter für Türme
wie Glas so licht.
Wörter für Freundschaft,
für Frieden und Liebe
sind Wörter für Kinder,
für unsere Spiele.

Marianne Kreft

Die blaue Amsel

Amseln sind schwarz. Normalerweise. Eines Tages aber saß auf einer Fernsehantenne eine blaue Amsel. Sie kam von weit her, aus einer Gegend, in der die Amseln blau waren.
Ein schwarzer Amselmann verliebte sich in sie und bat sie seine Frau zu werden. Zusammen bauten sie ein Nest und die blaue Amsel begann ihre Eier auszubrüten, während ihr der Amselmann abwechselnd zu fressen brachte oder für sie die schönsten Lieder sang.
Einmal, als der Mann auf Würmersuche war, kamen ein paar andere Amseln, vertrieben die blaue Amsel aus dem Nest und warfen ihre Eier auf den Boden, dass sie zerplatzten.
„Wieso habt ihr das getan?“, fragte der Amselmann verzweifelt, als er zurückkam.
„Weil wir Amseln schwarz sind“, sagten die andern nur, blickten zur blauen Amsel und wetzten ihre gelben Schnäbel.

Franz Hohler

Und wo ist das Kinderzimmer?

Fabia hat heute Langeweile. Sie schlendert durch die Straßen. Da trifft sie ein Aussiedlermädchen, das mit mehreren anderen Familien im Domröse-Hof wohnt. Das Mädchen zeigt Fabia ihre Kaninchen.

„Wie heißt du?“, hat das Mädchen gefragt. Es hat das Kaninchen von meinem Schoß gehoben und zurück in den Käfig gesetzt.
„Ich bin die Bruno.“
„Bruno?“, hab ich gefragt.
Ein Mädchen kann wirklich nicht Bruno heißen, aber sie war ja Ausländerin, vielleicht hat sie es da nicht gewusst.
„Ich heiße Fabia“, hab ich gesagt.
Bruno hat genickt. „Willst du mit rein zu mir?“, hat sie gefragt.
„Aber Fernseher ist kaputt.“
Ich hab ihr gesagt, dass ich am Nachmittag sowieso nicht fernsehen soll. Außer, es gibt etwas Besonderes. Etwas Lehrreiches oder einen Film, den Mama als Kind auch schon geguckt hat.
„Koch ich uns einen Tee“, hat Bruno gesagt. „Magst du Pfefferminze?“
Ich hab genickt, aber in mir drin hab ich doch sehr gestaunt. Weil ich mir nicht vorstellen konnte, dass sie das alleine durfte, deshalb. Mama mag es gar nicht, wenn ich am Herd rumfummle, und sie hat es mir ganz streng verboten.
„Darfst du das denn?“
Aber Bruno hat gar nicht geantwortet. Sie hat einen Schlüssel oben aus ihrem Anorak gezogen, der hing an einem Band um ihren Hals, und damit hat sie die Haustür aufgeschlossen. Die Bauernhaustür.
„Rechte Seite vorne ist uns“, hat Bruno gesagt, und das hat so lustig geklungen.
Sie hat ihren Anorak in der Diele an einen Haken gehängt und da hab ich meinen daneben gehängt. Dann hat sie die Tür aufgeschlossen, ganz vorne rechts, und da haben wir in einem Raum gestanden, der war ein bisschen wie eine Küche, weil ein Herd darin stand und ein Kühlschrank und eine Spüle, aber ein bisschen war er auch wie ein Wohnzimmer, weil es ein Sofa gab und einen Fernseher.
„Hübsch habt ihr’s hier“, hab ich gesagt.

Weil man so was ja sagen soll und weil ich irgendwas reden musste und weil ich auch nicht wollte, dass Bruno traurig sein sollte. Weil es in Wirklichkeit nämlich überhaupt kein bisschen hübsch war, alles so Möbel, wie wir sie zum Sperrmüll stellen, und bestimmt hatten Brunos Eltern sie da auch gesammelt. Und dann war es auch ziemlich eng, Küche und Wohnzimmer zusammen, und vielleicht sollte das sogar auch noch das Esszimmer sein.

„Schlafzimmer haben wir auch“, hat Bruno gesagt und eine Tür aufgemacht, die war halb hinter dem Sofa.

„Bettüberwurf von zu Hause.“

Ich hab aber gar nicht so genau hingeguckt, weil mir plötzlich eingefallen ist, wo wohl das Kinderzimmer ist. Noch eine Tür war in dem Raum nämlich nicht.

„Und wo ist das Kinderzimmer?“, hab ich gefragt.

Bruno hat mich angeguckt.

„Kinderzimmer?“, hat sie gesagt.

„Wo du deine Sachen hast!“, hab ich gesagt. „Spielsachen!“

Da hat Bruno gelacht. „Spielsachen, ach so!“, hat sie gesagt.

Und dann ist etwas Trauriges passiert, so traurig, ich mag es fast gar nicht erzählen.

Dann ist Bruno nämlich zu der Küchenbank gegangen, die in der Ecke stand, und sie hat die Sitzfläche hochgeklappt, wie man das bei manchen von diesen Küchenbänken kann. Dann hat sie in den Kasten gegriffen, der darunter war.

„Märchenbuch!“, hat sie gesagt und hat ein Buch hochgehalten, so ein großes, dickes, buntes.

„Mensch, ärger dich nicht!“

Und mit der anderen Hand hat sie ein Spiel auf den Tisch gestellt.

„Willst du spielen?“

Ich hab den Kopf geschüttelt, weil ich gemerkt hab, wie sich etwas in mir zusammengezogen hat und dass ich jetzt nichts sagen konnte. So traurig hat es sich angefühlt.

„Hab ich auch Puppe!“, hat Bruno gerufen und ist ins Schlafzimmer gerannt.

Dann ist sie mit einer großen Puppe wiedergekommen, die hatte lange Haare und Schlafaugen und war eine ganz normale Puppe, und das hat mich wieder getröstet.

„Willst du spielen?“

Kirsten Boie

Besucheransturm auf deutsch-türkisches Begegnungsfest

Aufmerksam lauschten die Besucher dieser türkischen Musikgruppe.

Hunderte Besucher tummeln sich am Sonntagnachmittag beim deutsch-türkischen Begegnungsfest in der Grundschule. Schon am Eingang wehen dem Besucher Düfte von würzigen Speisen und orientalische Klänge entgegen. Das Gedränge der vielen hundert Besucher vermittelte zusätzlich den Eindruck, man befinde sich auf einem orientalischen Basar.

Türkische und deutsche Sprachlaute mischten sich ebenso wie die Speisen des fantastischen Büfetts: Deutsche Frauen hatten dafür Salate und Kuchen zusammengetragen, während die Türkinnen Spezialitäten aus ihrer Heimat, wie mit Reis gefüllte Weinblätter, Mohnbrezeln oder Blätterteigvarianten, darboten.

In einer Ecke knieten zudem türkische Frauen am Boden, kneteten und rollten Teig, der sogleich vor aller Augen auf großen, runden Platten zu knusprig-köstlichem Brot gebacken wurde. Bei Festschmaus und Musik saßen deutsche und türkische Familien zusammen an den Tischen und sprachen miteinander.

Diese türkischen Frauen bereiten Fladenbrot zu.

Rezept für eine türkische Spezialität: Fladenbrot (Pide)

Zutaten für 4 kleine Fladen:
etwa 300 cm^3 Milch
550 g Mehl
1 Päckchen Trockenhefe
etwa 1/2 Teel. Zucker
Salz
2 Eier
Fett für das Backblech
1 Teel. Olivenöl
2 Essl. Sesamsamen
1 Teel. Çörek otu (schwarzer Kümmel; türkisches Spezialgeschäft)

Zubereitungszeit: *etwa 1 Stunde*
Ruhezeit für den Teig: *insgesamt etwa 50 Minuten*

1. Die Milch wärmen, nicht erhitzen. 500 g Mehl in eine Schüssel sieben. Die Trockenhefe, 1 Prise Zucker und Salz darunter mischen. 1/4 l Milch und 1 Ei darunter rühren. Den Teig kräftig kneten. Zugedeckt an einem warmen Platz etwa 30 Minuten gehen lassen.

2. Den Backofen auf 275° vorheizen. Ein Backblech ausfetten. Die Hälfte des Teiges durchkneten und zu 2 Kugeln formen. Diese auf bemehlter Arbeitsfläche 1 cm dick ausrollen und auf das Blech legen. Etwa 10 Minuten gehen lassen.

3. Das restliche Ei mit 2 Esslöffeln Milch, 1/2 Teelöffel Zucker und dem Olivenöl verquirlen. Den Teig mit bemehlten Fingerspitzen rautenförmig eindrücken und mit einer Gabel einstechen. Den Fladen mit der Hälfte der Eimischung bepinseln und mit dem Sesamsamen und dem schwarzen Kümmel bestreuen.

4. Den Fladen im Backofen (Mitte) etwa 10 Minuten backen. Mit dem restlichen Teig ebenso verfahren.

Viel Spaß!

177

Wirf mir den Ball zurück, Mitura!

Ich werfe meinen Ball, meinen gelben Ball.
Er fliegt über Häuser und Bäume.
Er fliegt über Berge und Täler,
weit, weit, weit.

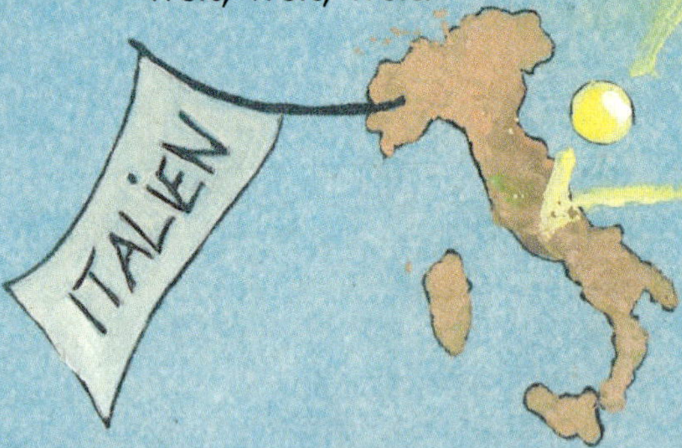

Du fängst ihn und sagst „palla",
das heißt Ball,
du sagst „giallo", das heißt gelb,
du sagst „amico", das heißt Freund.
Und du wirfst mir den Ball zurück,
mein Freund aus Italien.

Ich werfe meinen Ball, meinen gelben Ball.
Er fliegt über Häuser und Bäume.
Er fliegt über Felder und Wälder,
weit, weit, weit.

Du fängst ihn und sagst „pie-uka",
das heißt Ball,
du sagst „djuuta", das heißt gelb,
du sagst „pschyjazjel", das heißt Freund.
Und du wirfst mir den Ball zurück,
mein Freund aus Polen.

Ich werfe meinen Ball, meinen gelben Ball.
Er fliegt über Häuser und Bäume.
Er fliegt über Länder und Meere,
weit, weit, weit.

Du fängst ihn und sagst „bole",
das heißt Ball,
du sagst „kaha", das heißt gelb,
du sagst „mitura", das heißt Freund.
Und du wirfst mir den Ball zurück,
mein Freund aus Sri Lanka.

Ilse Kleberger

Weite Welt - ganz nah

Bitte umblättern

Markus Schmid, Hans Jürgen Feldhaus

Was würdest du gerne per Fernbedienung erledigen?

Schöne Wörter aus der Werbung

Hubert sieht gern fern. Am liebsten sieht er die Werbung. Da gibt es viele schöne Wörter: zischfrisch, lämmchenweich, hautfreundlich, knusperfroh, kuschelweich, schaumgebremst, knabberwürzig, atmungsaktiv … Hubert macht seine Hausaufgaben. Er soll in vier Sätze Wiewörter* einsetzen.

Die liebe Mutter bäckt einen *guten* Kuchen – das findet Hubert langweilig. Er kennt ja viel schönere Wörter! Hubert schreibt: Die *lämmchenweiche* Mutter bäckt einen *hautfreundlichen* Kuchen. Der *zischfrische* Vater liest die *atmungsaktive* Zeitung. Die *knabberwürzige* Schwester lernt das *kuschelweiche* Gedicht. Der *knusperfrohe* Bruder spielt mit den *schaumgebremsten* Bausteinen. Hubert findet seine Sätze sehr schön. Er klappt das Heft zu und steckt es in die Schultasche. Er rennt in die Küche und reißt das Fenster auf. Unten im Hof warten schon Wolfi und Mirjana. Hubert ruft: „Frischwärts, Leute! Ich komme wie ein weißer Wirbelwind!“ Mirjana und Wolfi schauen zum Bierer-Fenster hinauf. Sie schnuppern. Der wilde Duft der rauen Männer liegt in der Luft.

Friederike Lanzelsdorfer / Ernst Pacolt

* *Wiewörter* werden auch *Adjektive* genannt.

170

COOL BOY

Hast du nahe am Wasser gebaut?
Weinst du, wenn dich einer haut?
Sitzen dir locker die Tränen?

Das muss jetzt nicht mehr sein!

Der Tränentrockner COOL BOY ist endlich da.
Ins linke Nasenloch gesteckt, wirkt COOL BOY
durch den Wirkexponenten T-E-N und trocknet
die Tränendrüsen aus.

COOL BOY macht den Kerl aus dir,
der du schon immer sein wolltest.

COOL BOY,
und du weinst erst wieder beim
Schuleintritt deiner Enkel.

Christine Nöstlinger

Jutta Bauer

Beschreibe COOL GIRL.

Angriff der Viren

Nein, André durfte nicht an Papas Computer. André durfte nicht einmal das Zimmer betreten, in dem er stand. Es war nämlich Papas Arbeitszimmer. Dort lagen viele wichtige Papiere herum. Seit Monaten hielt André stand. Dabei träumte er schon lange davon, das berühmte Raketenspiel zu spielen. Sein Freund Tim hatte es ihm geliehen. Heute Nachmittag war Papa zu einem wichtigen Termin weg. André war allein zu Hause. Diesmal konnte er nicht widerstehen. Schon saß er auf Papas schwarzem Bürostuhl.
Aber vor lauter Aufregung fiel ihm nicht mehr ein, wie man das Spiel startete.
Er drückte „F 12“ und „Enter“, doch es half nichts.
„Fehler“ stand auf dem Bildschirm. „Fehler. Fehler. Fehler.“
André begann zu schwitzen. Wahllos drückte er ein paar Tasten.
Der Drucker sprang an und spuckte endlose Zahlenkolonnen aus.
Da knallte unten die Haustür. Das war Papa! Blitzschnell schaltete André den Computer aus. Mist! Der Drucker! Das ganze Papier. Papa würde sofort merken, dass jemand an seinem Computer herumgepfuscht hatte.
Kurz bevor Papa sein Arbeitszimmer betrat, huschte André durch den Flur.
Eine Stunde später kam Papa schniefend ins Zimmer.
„Was ist, Papa? Wirst du krank?“
„Nein, André. Aber wir haben einen Virus im System.“
André erschrak. „Ist der Computer jetzt krank?“
Papa nickte. „Ja, so kann man es nennen.“
Andrés Magen krampfte sich zusammen. „Ist das schlimm?“, fragte er leise.
Papa runzelte die Stirn. „Sehr schlimm! Ich komme nicht an meine Zahlen. All die Arbeit der letzten Wochen. Umsonst! Wie werde ich dastehen bei unserer wichtigsten Geschäftsbesprechung der letzten Jahre?“
André schluckte. „Ich war es, Papa“, sagte er.
„Du warst an meinem Computer?“
„Ja, Papa“, gab André kleinlaut zu. „Nur der Drucker sprang an und spuckte die Seiten hier aus.“ André zog die Papiere unter dem Kopfkissen hervor.
Papa riss ihm die Papiere aus der Hand. Er küsste erst die Papiere, dann André und schließlich wieder die Papiere. „Ich bin gerettet!“, rief er. „Gerettet!“
„Ich werd's auch bestimmt nie wieder tun“, sagte André.
Doch Papa grinste nur. „Von jetzt an“, versprach er, „sollst du lernen, wie man mit dem Computer richtig umgeht. Ich werde dir alles erklären, was ich kann.“

Klaus Peter Wolf

Katzensprung

Die Ärztin gipste Björns rechten Arm ein. Zwei Finger waren gebrochen. Björn strahlte sie an.
Frau Dr. Reuter wunderte sich. „Was strahlst du denn so?“
Björn sah sich seine eingegipste Hand an.
„Jetzt darf ich meine Hausaufgaben bestimmt am Computer machen.“
„Deshalb freust du dich so?“
„Ja. Sonst muss ich nämlich immer alles mit der Hand schreiben. Mit einem Füller!“ Björn verzog beim Wort „Füller“ das Gesicht, als ob ihm schlecht werden würde.

Zu Hause setzte sich Björn sofort an den Computer, um den Aufsatz mit der linken Hand zu tippen.
Die Überschrift hieß:
„Als ich einmal ganz fiel Glück hatte“.
Björn blickte das f an und löschte es.
Dann tippte er ein v ein. So:
„Als ich einmal ganz viel Glück hatte“.
Eigentlich wollte Björn einen Aufsatz über seinen letzten Kirmesbesuch schreiben.
Er hatte mit einem Los den Hauptgewinn gezogen. Einen riesigen Löwen.
Jetzt schrieb Björn einen Aufsatz über einen Fahrradunfall, bei dem er sich zwei Finger gebrochen hatte.
Das war zwar noch kein Glück.
Aber wenn man bedachte, dass er von nun an seine Hausaufgaben am Computer schreiben durfte ...
Vielleicht gefiel es ja seiner Lehrerin.
Vielleicht würde er in Zukunft immer alles am Computer schreiben ...
Björn stellte sich das toll vor.
Nie wieder eine Fünf für Handschrift.
Nie wieder Tintenkiller oder Radiergummi.

Björn machte die Geschichte extra spannend. Zuerst schrieb er über seinen doofen Füller. Dann über sein Fahrrad, in dem jetzt leider eine Acht war.
Es wurde der längste Aufsatz seines Lebens.
Siebenhundertsiebenundsiebzig Wörter.
Dreitausendzweihundertfünfunddreißig Buchstaben.
Kurz: ganze vier Seiten.

Björns Kater Kalle lag die ganze Zeit neben Björns rechtem Arm und guckte auf den Bildschirm. Er fand es aufregend, wenn plötzlich wie aus dem Nichts Buchstaben erschienen. Er hatte nur mitgekriegt, dass eine Maus dabei eine Rolle spielte. Doch gesehen hatte er sie nie.

Stolz zeigte Björn auf seine Geschichte. „Na, Kalle, wie findest du das? Mein bester Aufsatz. Das gibt eine Eins. Wetten wir? Die erste Eins meines Lebens.“
Kalle schnurrte.
Dann, als Björn gerade auf „Speichern“ drücken wollte, glaubte Kalle die Maus zu sehen. Er sprang hoch. Mit allen vier Pfoten landete er auf der Tastatur.
„Nein!“, schrie Björn.
Erschrocken hüpfte Kalle hoch und sprang noch einmal auf die Tasten. Björn starrte fassungslos auf den Computer.Der Text auf dem Bildschirm verschwand. Kalle verkroch sich schuldbewusst in seiner Ecke.
Björn drückte „F12“ und „Drucken“ und „F9“. Dann „Zeige alles“. Aber sein Aufsatz war weg.
Alle siebenhundertsiebenundsiebzig Wörter.
Alle dreitausendzweihundertfünfunddreißig Buchstaben. Die ganzen vier Seiten. Einfach weg.
Björn hätte heulen können.

Als er am anderen Morgen zur Schule ging, kaute er nervös auf der Unterlippe herum.

(Er konnte sich gut vorstellen, was er gleich hören würde: „Man macht seine Hausaufgaben auch nicht mit dem Computer. Mit dem Füller wäre dir das nicht passiert.“)

Björns Lehrerin hieß mit Nachnamen Nett. Und genauso war sie auch. Sie sagte nur: „Aber Björn! Mit gebrochenen Fingern braucht man doch keine Hausaufgaben zu machen.“ Dann strich sie sanft über Björns Haare und fragte ihn: „Willst du uns nicht erzählen, wie es passiert ist?“

Björn nickte.

Er erzählte von einem Füller. Von einem Fahrrad, in dem jetzt leider eine Acht war. Von einem neuen Computer. Und von seinem Kater Kalle.

Klaus-Peter Wolf

Lese-Ecke

Ich heiße Leopold und bin 9 Jahre alt. Meine Hobbys sind Fußballspielen und Lesen. Ich gehe ungefähr alle zwei Wochen einen Nachmittag mit meinem Bruder in die Bücherei. Dort können wir uns Bücher ausleihen und auch Videos und Kassetten. Seit einiger Zeit gibt es sogar CD-ROMs dort, die man leihen kann.
Bei den Büchern interessiere ich mich am meisten für Sachbücher. Mein Lieblingsbuch heißt: „Das große Buch der Pyramiden". Es wurde von Anne Millard geschrieben. Man erfährt, wie es im Innern der Pyramiden aussah, wie sie gebaut wurden und wie die Ägypter früher gelebt haben. Es gefällt mir so gut, weil es so interessant geschrieben ist und weil man sich durch die vielen Bilder alles so gut vorstellen kann.

Ich heiße Anna. Ich lese am liebsten die Harry-Potter-Bücher. Sie wurden von der Engländerin Joanne K. Rowling geschrieben. Die Bücher handeln von einem Jungen, der zaubern kann. Seine Eltern starben im Kampf gegen den bösen Lord Voldemort. Harry Potter wusste nicht, dass er zaubern kann, bis er in die Schule von Hogwarts geholt wurde. Die Bücher sind so spannend geschrieben, dass man beim Lesen eine Gänsehaut bekommt.

Wie heißt dein Lieblingsbuch?
Stelle es den anderen Kindern deiner Klasse vor.
Wer hat es geschrieben?
Wovon handelt es?
Warum magst du es so besonders?

Natur und Technik

Katarakt 3
Bridget Riley, 1967

Katarakt ist ein griechisches Wort und bedeutet Wasserfall oder Stromschnelle.

Der Mensch strebt von Natur aus nach oben,
wie das Wasser bergab fließt.

Meng Tse

Zündelnde Kinder verursachen Brand – 200 000 EURO Schaden

Ein Schaden von mehreren hunderttausend Euro entstand gestern Abend bei einem Brand. Gegen 21.15 Uhr brannte der Stadel eines ehemaligen landwirtschaftlichen Anwesens restlos nieder. Die Flammen loderten hoch über der Stadt, waren in einer Entfernung von mehreren Kilometern zu sehen und lockten zahlreiche Schaulustige an.

Zwei zündelnde Buben im Alter von zehn Jahren sind schuld an dem verheerenden Brand. Sie hatten in der Scheune Schnüre angezündet und die Flammen auch mit den Füßen ausgetreten. Dennoch glomm die Glut wohl unbemerkt weiter. Stunden später entfachte das Feuer erneut und binnen kürzester Zeit stand der Stadel in Flammen.

Ein Polizeibeamter, der zufällig am Stadel vorbeigekommen war, alarmierte die Bewohner und die Feuerwehr.

Innerhalb von 2 Minuten 50 Sekunden war die Feuerwehr am Einsatzort, baute eine Leitung auf und begann sofort zu löschen.

Unterstützt wurde sie später von den Feuerwehren der angrenzenden Ortschaften.

Die Hitze war so stark, dass bei den umliegenden Häusern Fensterscheiben borsten, Verschalungen und Isolierungen ankokelten und sogar außen liegende Dachbalken Schäden davontrugen. An einigen Feuerwehrautos platzte der Lack ab. Blaulichter deformierten sich.

Brand auf dem Dorf

In den Dörfern gibt es keine Berufsfeuerwehr. Sie hätte dort zu wenig zu tun. Das Gesetz schreibt aber für jedes Dorf eine Feuerwehr vor.
Alle Männer im Alter zwischen 20 und 49 Jahren sind feuerwehrdienstpflichtig. Auch Frauen können bei Bedarf freiwillig der Feuerwehr beitreten.
Melden sich nicht genügend Freiwillige, so können alle Männer als Pflichtige herangezogen werden. Wer keinen Feuerwehrdienst leistet, muss eine Feuerwehr-Ersatzabgabe bezahlen.
Das Gemeindegebiet ist in Löschkreise eingeteilt. In jedem steht an einem geeigneten Ort ein Feuerwehrdepot oder „Spritzenhäuschen". Es enthält Lösch- und Rettungsgeräte.
Aus dem Bestand der Feuerwehrleute wird eine Alarmgruppe bestimmt. Jeder Mann dieser Gruppe muss in seinem Haus ein Telefon besitzen und bei Alarm auf dem nächsten Weg zum Materialdepot, dem „Spritzenhaus", und dann zur Feuerstelle eilen.
Das Alarmsystem ist der kritische Punkt der dörflichen Feuerwehr. Ist immer jemand auf dem Hof? Was geschieht, wenn der aufgebotene Bauer auf einem weitab gelegenen Acker arbeitet? Da werden oft noch Feuerhörner, Glocken oder Sirenen verwendet.
Die freiwilligen Feuerwehrmänner lernen das Retten und Löschen in Kursen. Es ist genau vorgeschrieben, wie viele und welche Übungen eine Dorffeuerwehr im Jahr abzuhalten hat.
Jeder Hof muss, wenn er nicht an das Hydrantennetz angeschlossen ist, über einen Feuerweiher verfügen. Der Einsatz einer Dorffeuerwehr erfolgt gewiss nicht so routiniert wie der einer Berufsfeuerwehr, aber jeder Dorffeuerwehrmann weiß: Es kann ja auch bei mir brennen! Und dann setzt er sich entschlossen ein.
Im Dorf ist man auch auf nachbarliche Hilfe angewiesen.
Feuerwehrdienst kann auch lustig sein, besonders wenn nach einer Übung der entstandene Durst im Kreise der Feuerwehrkameraden erfolgreich „gelöscht" wird.

Werner Kuhn

Das Feuer

Hörst du, wie die Flammen flüstern,
knicken, knacken, krachen, knistern,
wie das Feuer rauscht und saust,
brodelt, brutzelt, brennt und braust?

Siehst du, wie die Flammen lecken,
züngeln und die Zunge blecken,
wie das Feuer tanzt und zuckt,
trockne Hölzer schlingt und schluckt?

Riechst du, wie die Flammen rauchen,
brenzlig, brutzlig, brandig schmauchen,
wie das Feuer, rot und schwarz,
duftet, schmeckt nach Pech und Harz?

Fühlst du, wie die Flammen schwärmen,
Glut aushauchen, wohlig wärmen,
wie das Feuer, flackrig-wild,
dich in warme Wellen hüllt?

Hörst du, wie es leiser knackt?
Siehst du, wie es matter flackt?
Riechst du, wie der Rauch verzieht?
Fühlst du, wie die Wärme flieht?

Kleiner wird der Feuersbraus:
ein letztes Knistern,
ein feines Flüstern,
ein schwaches Züngeln,
ein dünnes Ringeln –
aus.

James Krüss

Achtet in den ersten 5 Strophen
auf das erste Wort.
Fällt euch etwas auf?

Sprichwörter und Redensarten

F
Manches hört sich schlimmer an, als es ist.

2
Ein gebranntes Kind scheut das Feuer.

D
Wer einmal einen Schaden erlitten hat, ist vorsichtig.

5
Das ist ein heißes Eisen.

B
Die beiden sind sehr unterschiedlich.

3
Es wird nichts so heiß gegessen, wie es gekocht wird.

1
Die beiden sind wie Feuer und Wasser.

E
Das ist eine schwierige, unangenehme Sache.

A
Er beschränkt sich nicht nur auf eine Sache.

4
Für einen die Kohlen aus dem Feuer holen.

C
Für einen anderen eine schwierige Sache erledigen.

6
Jemand hat viele Eisen im Feuer.

Ordne zu.
Kennst du noch mehr Redensarten zum Feuer?

Sindbad der Seefahrer

In den Erzählungen von Sindbad dem Seefahrer, die sich vor vielen hundert Jahren im Morgenland zugetragen haben sollen, wird uns etwas ganz Unglaubliches berichtet:

Eines Tages gerät Sindbad mit seinem Segelschiff in einen schweren Sturm. Nur mit Müh und Not gelingt es der Mannschaft, das Schiff durch die haushohen Wellen zu steuern.
Als nach mehreren Tagen zum ersten Male wieder die Sonne scheint, atmet alles auf, wenngleich das Schiff im Sturm arg gelitten hat.
Die Segel haben lange Risse und der hintere Mast wurde abgeknickt; aber Mannschaft und Ladung sind unversehrt.
Für Kapitän und Steuermann sind die Sorgen noch nicht vorbei.
Wohin hat der Sturm das gute Schiff verschlagen?
Von der Küste ist weit und breit nichts zu sehen.
Und noch etwas beunruhigt sie sehr. Obgleich doch der Sturm längst abgeflaut ist und noch keine Segel gesetzt wurden, zieht das Schiff mit guter Fahrt dahin. Es wird sogar immer schneller.
Als schließlich der Kapitän mit dem Fernrohr einen zackigen und steilen Berg sichtet, der allerdings noch sehr weit entfernt ist und auf den das Schiff unbeirrt zuhält, da weiß er, wohin sie der Sturm getrieben hat. Es ist der unheimliche Magnetberg, der das Schiff, obgleich aus Holz gezimmert, aber doch von vielen eisernen Nägeln und Klammern zusammengehalten, mit unwiderstehlicher Gewalt anzieht. Da hilft auch kein Gegensteuern mehr.
So nimmt das Verhängnis seinen Lauf.
Immer schneller rauscht der Segler dahin, bis er schließlich mit gewaltigem Krachen auf die Felsenklippen aufläuft und zerbricht.

Was weißt du über Magnetismus? Sammle Informationen.

Elektrische Ladungen und Miniblitze

Kleine Blitze lassen sich schon mit einer Taschenlampenbatterie erzeugen. Eine Batterie speichert ja elektrische Ladungen. Bei einer geladenen Flachbatterie drängeln sich an der langen Lasche, dem Minuspol, viele elektrisch geladene Teilchen. Auf der Seite mit der kurzen Lasche, dem Pluspol, gibt es genug freie Plätze. Wenn man die beiden Laschen zum Beispiel über eine Glühbirne miteinander verbindet, können die Ladungen überfließen.

Klemmt man aber auf eine der Laschen eine Büroklammer und berührt damit die andere Lasche kurz und lässt sie wieder los, blitzt es dazwischen kurz auf. Die geladenen Teilchen springen ein kurzes Stück durch die Luft, prallen dabei gegen die Luftteilchen und erhitzen diese. Sie glühen auf und leuchten. Geladene Teilchen machen sich noch auf eine weitere Art bemerkbar. Wenn man einen Plastikgegenstand, z. B. einen Kugelschreiber oder einen Kunststofflöffel, am Pullover einige Male kräftig hin und her reibt und ihn dann über Papierschnipsel hält, geschieht etwas Merkwürdiges: Die Schnipsel richten sich auf, springen an den Kugelschreiber oder Löffel und haften daran. Beim Reiben bleiben elektrische Ladungen vom Pullover an dem Plastikteil haften. Nun ist es geladen und zieht andere Dinge an.

Im alten Griechenland hat man diese Erscheinung schon vor mehr als 2000 Jahren beim Sammeln von Bernstein entdeckt. Bernstein ist ein Schmuckstein aus verhärtetem Baumharz. Um ihn zu säubern, rieb man den Stein an der Kleidung. Verwundert bemerkte man, dass er nun Sandkörner und andere kleine Teilchen anzog. Viel später wurde entdeckt, dass winzige, elektrisch geladene Teilchen der Grund dafür waren. Man gab ihnen den Namen Elektron, das griechische Wort für Bernstein. Elektrische Aufladungen durch Reibung stören auch manchmal. Kämmt man frisch gewaschene und geföhnte Haare mit einem Kunststoffkamm, liegen die Haare nicht, sondern sie richten sich sogar auf, und es knistert. Wenn es im Raum ganz dunkel ist, kann man sogar kleine Funken zwischen den Haaren und dem Kamm springen sehen.

Peter Lustig

Wenn das Licht ausgeht

Ausgerechnet an dem Morgen des Tages, an dem Martin und Julia in die Ferien fahren wollen, fällt in Neustadt der Strom aus. Ein Schneesturm, dazu Nässe und Eis haben starke Schäden an den Hochspannungsmasten verursacht.

Was ist nun los? Gerade wollte Martin mit dem Frühstück beginnen, da wird es dunkel in der Wohnung von Familie Obermaier. „Lass den Quatsch, Martin!“, ruft Julia. „Mach sofort das Licht wieder an!“ Doch Martin kann gar nichts dafür. Er wundert sich, was auf einmal alles anders ist. Papas Rasierer summt nicht mehr im Bad. In der Küche tönt keine Musik mehr aus dem Radio. Der Toaster toastet nicht mehr. Der Herd wärmt die Milch nicht mehr. „Bertold!“, ruft Frau Obermaier. „Schaust du bitte nach den Sicherungen? Es hat wohl einen Kurzschluss gegeben.“ Herr Obermaier tappt zum Dielenschränkchen, tastet nach der Taschenlampe und leuchtet in den Sicherungskasten. „Alles in Ordnung“, meldet er. Alles in Ordnung? Das kann doch nicht möglich sein! „Ganz Neustadt ist dunkel!“, schreit Martin vom Fenster her. Alle vier schauen hinaus. Weit können sie sehen aus ihrer Wohnung, aber nirgends entdecken sie Licht im schwarzgrauen Häusermeer. „Sogar die Verkehrsampeln sind ausgefallen“, bemerkt Julia. „Das gibt ein Durcheinander auf den Straßen“, meint Papa. „Erst mal gibt’s Frühstück“, sagt Mama. Sie zündet eine Kerze an und stellt sie auf den Tisch.

Die Kinder sind heute besonders aufgeregt. Sie wollen nämlich zu ihrem Freund Hannes in die Ferien fahren. Hannes wohnt auf dem Lande.

Nach dem Frühstück zieht Herr Obermaier seinen Mantel an.

„Servus“, sagt er, „ich muss jetzt ins Büro.“

Er öffnet die Wohnungstür. Das Treppenhaus ist schummerig. Aufgeregte Stimmen sind überall zu hören. Neugierig laufen Martin und Julia hinter ihrem Vater treppab. Frau Hauske redet auf Herrn Banzer ein. Ihr Mann und zwei andere Leute sind im Lift stecken geblieben! Die Feuerwehr ist schon benachrichtigt. Sie wird die Eingeschlossenen sicher bald befreien.

„Mein Staubsauger geht nicht“, jammert Frau Pape, „und mein Bügeleisen und die Nähmaschine kann ich ohne Strom auch nicht benutzen.“

„Ohne Geschirrspüler und Waschmaschine werde ich mit meiner Arbeit nicht fertig“, sagt Frau Hetzel verärgert.

Evi im dritten Stock weint.

„Das Aquarium“, schluchzt sie, „meine Fische bekommen keinen Sauerstoff.“ –

„So schnell ersticken die nicht“, tröstet Martin sie.

Im zweiten Stock verbreitet Herr Kolinsky neueste Nachrichten. Aus seinem Transistorradio hat er von den schlimmen Wetterfolgen erfahren.

„Das kann lange dauern, bis alles repariert ist“, unkt er.

Im Erdgeschoss drückt Martin auf den Klingelknopf. Er will Mama durch die Sprechanlage Bescheid geben, dass sie mit Papa auf den Runden Platz gehen. Doch auch die Klingel funktioniert nicht ohne Strom. Zum Glück ist es inzwischen fast hell geworden. Die Kinder sehen die Mutter auf dem Balkon stehen. Sie rufen und geben Zeichen.

„Verstanden“, winkt Frau Obermaier zurück.

Und wie sieht’s draußen auf dem Runden Platz aus?

Was würde bei dir zu Hause ohne Strom alles nicht funktionieren?

Es wimmelt von Menschen. Autos stauen sich kreuz und quer. Die Straßenbahn steht noch immer an derselben Stelle. Zwei Polizisten versuchen den Verkehr zu regeln. TATÜÜÜ – TATÜÜÜ! Mit lautem Signalton schafft sich ein Feuerwehrwagen einen Weg. „Jetzt werden die Leute aus dem Lift geholt“, freuen sich Martin und Julia. Aus dem U-Bahn-Schacht kommen viele Menschen. Ein Mann erzählt Herrn Obermaier, dass die U-Bahn-Züge in den Schächten stehen geblieben sind. Glücklicherweise ließen sich die Türen mechanisch öffnen. Bei Notbeleuchtung wurden die Fahrgäste durch die Schächte zu den nächsten Aufgängen geführt. Herr Obermaier hält Ausschau nach einem Taxi. Aber der Taxistand ist leer. „Warum fährst du nicht mit unserem Auto?“, fragt Julia. „Weil die Tore an der Tiefgarage auch nur elektrisch gehen!“ Martin ist stolz, dass er das weiß. Herr Obermaier will im Büro anrufen. „Wahrscheinlich kommt sowieso kaum jemand ins Büro“, überlegt er. „Am besten ist es, ich rufe von zu Hause aus im Büro an. Zu Fuß ist der Weg zu weit.“ Während Herr Obermaier heimgeht, wollen die Kinder ein Mitbringsel für Hannes kaufen. Was wohl der Stromausfall für die Geschäfte bedeutet?

Katrin Arnold

Die Sonne berührt meine Haut

Seine
Georges Seurat,
ca. 1885

Garten

Ich sitze im Gras und schweige.
Der Himmel ist blau wie das Meer.
Der Wind bewegt die Zweige,
sie schwingen leicht hin und her.

Ich bin nicht allein, denn ich sehe
den Wind, der im Kirschgeäst schaukelt,
den Schmetterling, der in der Nähe
ganz langsam vorübergaukelt.

Ich höre die Amseln und Stare.
Ich sehe die Käfer im Kraut.
Der Wind bewegt meine Haare,
die Sonne berührt meine Haut.

Georg Bydlinski

Siebenschläfer

Henrik zählte schon die Tage bis zum Sommerurlaub. Diesmal sollte es an die Nordsee gehen.

„Hoffentlich ist das Wetter prima“, sagte er zu seinem Opa.

„Heute ist Siebenschläfer“, meinte der Opa. „Wenn es da regnet, bleibt’s sieben Wochen lang so mies.“*

Henrik erschrak. „Wieso denn?“, fragte er.

„Na ja, so sagt man halt. Und meistens ist es auch so.“

Als der Opa das entsetzte Gesicht von Henrik sah, weil es tatsächlich recht trüb war, sagte er:

„Das muss ja auch nicht stimmen. Es beruht auf einer Legende. Da sollen sich im Jahr 251 sieben Jünglinge während der Christenverfolgung auf der Flucht in einer Höhle bei Ephesus verborgen haben und während des Schlafes eingemauert worden sein.“

„Und deswegen muss es dann sieben Wochen lang regnen?“

Der Opa lachte. „Halte dich lieber an den Wetterbericht.“

Henrik seufzte.

Auf den Wetterbericht ist auch nicht immer Verlass, dachte er.

Man muss es eben nehmen, wie es kommt.

Isolde Heyne

**Siebenschläfer ist am 27. Juni*

Kennst du noch andere Wetterregeln?

Das Gewitter

Hinter dem Schlossberg kroch es herauf:
Wolken – Wolken!
Wie graue Mäuse,
ein ganzes Gewusel.
Zuhauf jagten die Wolken gegen die Stadt.
Und wurden groß
und glichen Riesen
und Elefanten
und dicken, finsteren Ungeheuern,
wie sie noch niemand gesehen hat.
Gleich geht es los!,
sagten im Kaufhaus Dronten
drei Tanten
und rannten heim, so schnell sie konnten.
Da fuhr ein Blitz
mit helllichtem Schein,
zickzack,
blitzschnell
in einen Alleebaum hinein.
Und ein Donner schmetterte hinterdrein,
als würden dreißig Drachen
auf Kommando lachen
um die Welt zu erschrecken.
Alle Katzen in der Stadt
verkrochen sich
in die allerhintersten Stubenecken.
Doch jetzt ging ein Platzregen nieder!
Die Stadt war überall
nur noch ein einziger Wasserfall.
Wildbäche waren die Gassen.
Plötzlich war alles vorüber.
Die Sonne kam wieder
und blickte vergnügt
auf die Dächer, die nassen.

Josef Guggenmos

183

Im Freibad

Im Freibad war viel Betrieb. Anscheinend wollte das halbe Dorf den herrlichen Badetag am Ende der Ferien ausnutzen.
Tobi und seine Eltern fanden gerade noch ein kleines Plätzchen auf der Wiese. Gleich neben ihnen lag ein junges Liebespaar, das sich ununterbrochen küsste. Auf der anderen Seite schnarchte ein ziemlich dicker Mann in seinem Liegestuhl.
„Wenn ich das gewusst hätte“, murmelte die Mutter.
„Wir springen einfach ins Wasser“, schlug der Vater vor. „Dazu sind wir ja schließlich gekommen.“ Und schon watschelte er los wie eine Ente.
„Halt!“, rief Tobi. „Wir müssen erst noch die Luftmatratze aufblasen.“ Der Vater machte kehrt und watschelte zurück. „Wie der Herr befiehlt“, sagte er mit ernstem Gesicht.
„Sei doch nicht so albern.“ Die Mutter schüttelte den Kopf. „Was sollen denn die Leute denken?“
„Die Leute?“ Der Vater hob eine Hand an die Stirn, als würde er in die Ferne blicken. „Wo sind denn hier Leute?“
So aufgedreht hatte Tobi seinen Vater schon lange nicht mehr erlebt. Er stellte sich neben ihn und schaute ebenfalls in die Ferne. „Ich sehe viele Leute, aber was die denken, ist mir schnurzegal!“
„Recht so, mein Sohn“, lobte der Vater. „Aus dir wird noch mal was.“
Sie sahen einander an und plötzlich mussten alle drei furchtbar lachen. Das Liebespaar hörte auf sich zu küssen.
Der dicke Mann öffnete die Augen und fragte: „Is was?“
„Nein, nein“, antwortete der Vater schnell. „Wir sind nur eine lustige Familie, das ist alles.“
„Soso“, nuschelte der dicke Mann und schloss die Augen wieder. Das Liebespaar küsste weiter.
Als die Luftmatratze endlich aufgeblasen war, gingen sie zum Wasser.

Tobi lief los und sprang ins Becken.
Er schwamm so lange unter Wasser, bis sein hämmerndes Herz ihn zum Auftauchen zwang.
„Tobi!“, rief die Mutter. „Das ist …“
Mehr hörte Tobi nicht, er tauchte sofort weiter.
Als er den Kopf wieder aus dem Wasser streckte, kam sein Vater auf der Luftmatratze angeschwommen.
Tobi tat so, als würde er ihn nicht sehen.
Er wartete noch einen Moment, dann tauchte er blitzschnell und kippte die Matratze um.
Der Vater patschte und prustete wie ein Ertrinkender. Dann schnappte er Tobi, hob ihn hoch und warf ihn ins Wasser.
„Nicht so doll“, bat die Mutter.
„Mach doch mit, Mama!“
„Nein, nein, ihr seid mir zu wild.“
Die Mutter schwamm davon.
„Wild ist schön!“, rief Tobi.
Er und sein Vater tollten weiter im Wasser herum. Auf einmal entdeckten sie Achim und zu dritt hatten sie noch mehr Spaß.
„Ich kann nicht mehr“, stöhnte der Vater nach einer Weile.
„Ich muss an Land, sonst ersaufe ich!“
„Nur noch ein bisschen“, bettelten Tobi und Achim.
Doch der Vater schwamm schon der Treppe entgegen.
Draußen legte er sich auf sein Handtuch und spielte toter Mann.
Die beiden Jungen schlichen sich an. Tobi gab seinem Freund ein Zeichen, dann kitzelten sie den Vater so heftig, dass er kreischend aufsprang.
„Er lebt noch!“, rief Achim.
„Das habe ich auch weiter vor“, sagte der Vater. „Lasst mich also bitte mal ein bisschen verschnaufen.“ Er zwinkerte. „Ein alter Mann ist schließlich keine Rakete.“
„Gut, dass du das endlich einsiehst“, stimmte seine Frau ihm zu.

Manfred Mai

Das Regenmusikhaus

Liebe Ilse!
Ich bin umgezogen. Habe jetzt ein eigenes Haus. Es steht am Rand der Ebene, nördlich von Katzenheim. Es ist leicht zu finden. Du musst mich unbedingt besuchen. Und zwar an einem Regentag! Das ist sehr wichtig! Ich habe nämlich eine neue Erfindung gemacht, die mit dem Regen zusammenhängt. Du wirst staunen.
Bis bald,
deine Laura.

Zwei Tage darauf regnete es. Die Maus Ilse nahm ihren roten Regenschirm und machte sich auf den Weg.
Die Katze Laura hatte schon auf Ilse gewartet. „Komm nur herein!“, sagte sie. „Na, was sagst du zu meinem Regenmusikhaus?“
Die Maus war vorerst sprachlos. Im Innern des Hauses waren die vielfältigen Geräusche des Regens noch stärker zu hören.
„Ich weiß nicht so recht“, sagte Ilse. „Etwas ungewohnt, das Ganze …“
Als sie dann zusammen Kaffee tranken, hatte die Maus schon das richtige Gefühl für das Regenmusikhaus bekommen.
Es war tatsächlich eine Art Musik, die die Regentropfen auf dem Dach machten! Eine etwas unmelodische, aber irgendwie sehr lustige Musik. Laura und Ilse lehnten sich in ihren Stühlen zurück und lauschten …

Erwin Moser

182

Martin Auer

Dichter und Zauberkünstler

Das bin ich, so sehe ich aus.
Na ja, nicht genau so.
Warum ist man auf einem Foto immer jünger als in Wirklichkeit?
Wisst ihr das?
(Wie alt ich jetzt bin, müsst ihr selber ausrechnen, ich weiß ja nicht, wann ihr das hier lest. Ich bin 1951 geboren, am 14. Januar, und zwar in Wien.)

Jetzt bin ich gerade Schriftsteller

Bevor ich angefangen habe Bücher für Kinder zu schreiben, habe ich eine ganze Menge andere Dinge gemacht. Ich wusste als Kind schon, dass ich ein Dichter werden wollte. Als ich ganz klein war, fiel mir schon auf, dass meine Mutter oft in Bücher hineinstarrte, in denen gar keine Bilder waren, nur so kleine schwarze Striche. Sie nannte das „Lesen“, und wenn sie mir eine Geschichte vorlas, dann merkte ich, dass sie die Geschichte irgendwie aus diesen schwarzen Strichen herausholte. Diese Kunst wollte ich auch beherrschen. Ich gab keine Ruhe, bis mir meine Mutter die Buchstaben erklärt hatte.
Als ich in die Schule kam, konnte ich schon ein bisschen lesen und schreiben und gab natürlich sehr damit an. Ich las alles, was ich kriegen konnte, und war begeistert über all die erstaunlichen, wunderbaren Dinge, die ich jetzt erfahren konnte. Und darum wollte ich selber einer werden, der solche Dinge schreiben kann.
Das erste Gedicht schrieb ich so mit zehn Jahren. Es war nicht sehr gut. Die erste Geschichte, die in einer Zeitung veröffentlicht wurde, schrieb ich mit siebzehn Jahren.

Ich wünschte mir Schriftsteller zu werden, aber das zu wünschen genügt nicht, man muss es auch können. Und selbst wenn man das Talent hat, heißt das noch lange nicht, dass man davon dann auch leben kann. Also brauchte ich einen Beruf. Ich nahm mir vor Lehrer zu werden.

Aber ich muss zugeben, dass mir das Studium zu langweilig war. Durch Zufall hatte ich den Leiter einer kleinen Schauspieltruppe kennen gelernt, und als er einmal jemand brauchte, der Gitarre spielen konnte, und mich fragte, ob ich in seinen Stücken mitspielen wollte, tat ich das.

Nach einiger Zeit nahm ich einen Halbtagsjob bei einem großen Werbeunternehmen an.

Wenn man in der Werbung arbeitet, muss man oft Dinge behaupten, an die man gar nicht glaubt, sogar Dinge, von denen man überzeugt ist, dass sie falsch sind. Einmal musste ich schreiben, dass Zucker gesünder ist als Süßstoff. Später arbeitete ich für ein anderes Unternehmen und musste schreiben, dass Süßstoff gesünder ist als Zucker. Ich arbeitete fünf Jahre in diesem Beruf. In dieser Zeit schrieb ich auch Lieder, witzige Vorträge und trat gelegentlich auf. Einmal brauchte ich für eine Vorstellung ein Zauberkunststück.

Nach sieben Jahren gründete ich eine Musikgruppe. Weil ich von Konzerten allein nicht leben konnte, gab ich an einer Volkshochschule Gitarrenunterricht. Ich schrieb auch ein paar Geschichten, aber niemand wollte sie drucken.

Ich kaufte mir ein Zauberbuch und begann zu lesen und das Zaubern ließ mich nicht mehr los.

Ein oder zwei Jahre beschäftigte ich mich in meiner freien Zeit fast nur mit Zauberei, bis ich gut genug war um als Zauberer öffentlich aufzutreten.

Ich wollte nicht ewig in der Werbung bleiben. Ich gründete ein Musikduo, gab Konzerte, trat als Zauberkünstler in Restaurants auf und schlug mich so durch.

Das Zaubern brachte mich auf eine Idee: Vielleicht konnte man ein Buch machen mit verzauberten Bildern. Mit Bildern, auf denen Sachen erscheinen und verschwinden, sich verwandeln oder größer und kleiner werden und so weiter. Ich erfand solche Bilder und schrieb auch die Geschichte dazu. Das Buch sollte „Das verzauberte Buch“ heißen.

Und weil ich schon dabei war, schrieb ich gleich noch ein zweites Buch für Kinder: „Was niemand wissen kann“.

Aber wenn man nun zwei Packen beschriebenes Papier hat, was tut man dann damit?

Zufällig kannte ich seit vielen Jahren eine bekannte Kinderbuchautorin. Die konnte ich ja fragen.

Ich rief sie an und sie sagte, ich sollte ihr die Manuskripte schicken. Sie las sie, aber das „Verzauberte Buch“ gefiel ihr gar nicht. Dafür aber das zweite, das ich geschrieben hatte, und sie gab es mit ihrer Empfehlung einem Verleger.

Die freundliche Frau, die mir so geholfen hat, ist Christine Nöstlinger.

Mein Buch wurde vom Verlag wirklich angenommen. Als es endlich erschienen war und den Leuten gut gefiel, schrieb ich ein zweites Buch für Kinder, dann ein drittes, ein viertes … Und seither ist das meine Hauptbeschäftigung. Aber meine Geschichten schreibe ich nicht nur in Büchern. Ich erzähle sie auch gerne selber. Ich reise herum und erzähle meine Geschichten in Schulen, Büchereien, Buchläden, manchmal auch in großen Theatern oder Konzertsälen. Mit meinem Zauberkoffer und meiner Gitarre war ich schon überall in Österreich, Deutschland, der Schweiz und Südtirol, aber auch in der Türkei, in England und Frankreich.

Das macht mir viel Spaß.

Ich mag alle Geschichten aus dem Buch „Von Pechvögeln und Unglücksraben". Ich mag es, wie die Geschichten aufhören. Eigentlich hören sie in der Mitte auf. Aber wenn du weiterschreiben würdest, würdest du alles nur wiederholen.

Katrin

Ja, Katrin, da hast du Recht. Man muss nicht alles bis zu Ende erklären. Die das Buch lesen, sind selber gescheit und können sich auch ihre eigenen Gedanken machen.

Warum haben die Kinder in deinen Geschichten oft keinen Namen?

Jan

Wenn ein Kind in einer Geschichte keinen Namen hat, kann man sich, wenn man sie liest, leichter vorstellen, dass man selbst dieses Kind sein könnte. Außerdem muss ich dann nicht verraten, ob es ein Bub oder ein Mädchen ist. Wenn das Kind, das sich nicht vor Gespenstern fürchtet, zum Beispiel Susi hieße, dann würde ein Junge vielleicht sagen: „Ach, mich geht das nichts an!"

Ich schreibe auch gerne Geschichten, am liebsten Fantasiegeschichten. Wenn ich fertig bin, lese ich sie meiner Freundin vor und dann arbeiten wir in einer Schreibkonferenz zusammen. Wir suchen stärkere Wörter. Manchmal schreiben wir ein Stück neu. Und immer wieder lesen wir uns die Geschichten vor, bis wir sie schön finden. Und wie machst du es?

Eva

Ja, ich mache es ganz ähnlich wie du, Eva. Nur ganz selten passiert es, dass ich eine Geschichte hinschreibe und sie sofort perfekt finde. Oft merkt man die Schwäche einer Geschichte erst nach einiger Zeit, nach ein paar Tagen oder Wochen. Manchmal ist eine Geschichte nicht witzig, weil ich etwas zu früh verraten habe, was eigentlich eine Überraschung sein sollte. Manchmal fehlt eine kleine Auflockerung, damit eine Geschichte nicht zu traurig wird. Manchmal stört ein Witz aber auch. Manchmal entdecke ich, dass ich alles ganz falsch angefangen habe und die ganze Geschichte neu schreiben muss.

Vorhang auf – Theater im Karton

Wir bauen ein Karton-Theater

So könnt ihr selber ein kleines Karton-Theater basteln: Bringt bitte einen nicht zu kleinen Karton mit. Es können sich zwei oder drei Kinder zu einer Bastelgruppe zusammenschließen.

Bild 1

Der Karton wird aufgeklappt und mit der Öffnung zum Publikum auf den Tisch gestellt (Bild 2).
Schon ist der Guckkasten da.
Aber damit daraus eine richtige Bühne wird, müsst ihr noch einiges tun.

Bild 2

Klebt rechts und links von der Öffnung zwei breite Pappstreifen auf (Bild 3). Dadurch werden die Seitenteile fest und die Bühne erhält eine Vorderwand.

Bild 3

Das Karton-Theater wird von oben bespielt. Deshalb müsst ihr nun die Decke des Guckkastens aufschneiden, am besten mit einem scharfen Messer oder einer spitzen Schere – aber aufpassen, lasst es euch zeigen! (Bild 4).

Bild 4

Jetzt könnt ihr euer Theater bemalen und bekleben. Denkt euch einen Namen für das Theater aus.

Vorhang und Kulissen:

Ein richtiges Theater muss natürlich auch einen Vorhang haben. Nehmt dazu ein Zeichenblatt, das genau in den Kasten passt (Bild 5). Darauf malt einen Theatervorhang mit vielen Falten. An die obere Kante des Vorhangs wird eine dünne Holzleiste oder ein schmaler Pappstreifen geklebt (auch auf Bild 5 zu sehen). Die Enden müssen ein paar Zentimeter überstehen. Nun kann der Vorhang abgesenkt werden. Die Holzleiste liegt auf dem Karton auf. So könnt ihr auch die Kulissenbilder anfertigen, die ihr für euer Theaterstück braucht.

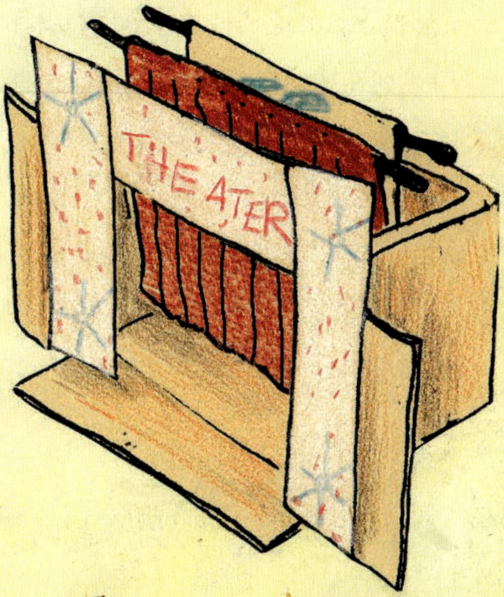

Bild 5

Die Figuren:

Die Figuren werden gezeichnet oder gemalt, auf Pappe aufgeklebt und ausgeschnitten. An der Rückseite der Figur wird ein dünnes Holz- oder Plastikstäbchen befestigt (Bild 6). Probiert, wie lang es sein muss.

Bild 6

Was könnt ihr in eurem Karton-Theater spielen?

Ihr könnt z. B. eine Geschichte aus dem Lesebuch oder aus anderen Büchern auswählen. Am besten eine, in der viele Personen oder Tiere vorkommen.

Ihr könnt euch auch selber eine Geschichte ausdenken: kleine Erlebnisse aus der Schule, Alltagsgeschichten von zu Hause, auf dem Spielplatz … eigentlich alles, was eine kleine Geschichte ergibt.

Der Mäuserich sucht eine Frau

Es war einmal ein Mäuserich, der war so hochmütig,
dass er keine gewöhnliche Maus heiraten wollte.
Nein, es sollte die Tochter des mächtigsten Wesens der Welt sein.
Eines Tages machte sich der Mäuserich auf die Suche nach
einer solchen Braut und ging geradewegs zur Sonne.
Er verbeugte sich tief vor ihr und sprach:

„Es gibt niemanden auf der Welt,
der mächtiger ist als du. Du bist stärker
als der kälteste Winter und stärker
als die dunkelste Nacht. Gib mir darum
deine Tochter zur Frau."

„Du irrst", sagte die Sonne.
„Die Wolke ist stärker als ich.
Ich kann nicht scheinen, wenn sie
den Himmel bedeckt."

Da ging der Mäuserich zur Wolke.

„Es gibt niemanden auf der Welt,
der mächtiger ist als du",
sagte der Mäuserich. „Gib mir darum
deine Tochter zur Frau."

„Du hast nicht Recht", sagte die Wolke.
„Der Wind ist stärker als ich.
Wenn er weht, treibt er mich am
Himmel entlang und zerfetzt mich."

Da ging der Mäuserich zum Wind.

„Es gibt niemanden auf der Welt, der mächtiger ist als du“, sprach der Mäuserich. „Ich hätte deshalb gern deine Tochter zur Frau.“

„Das stimmt nicht, was du sagst“, erklärte der Wind. „Da ist ein großer Turm aus Stein, den ich nicht umblasen kann. Er ist stärker als ich.“

Da ging der Mäuserich zum Turm.

„Es gibt niemanden auf der Welt, der mächtiger ist als du“, sagte der Mäuserich. „Ich wünsche mir deshalb deine Tochter zur Frau.“

„Wie kommst du darauf“, sagte der Turm. „Da ist eine Maus in meinen Mauern, die nagt und nagt und nagt. Es gibt nichts, was sie aufhalten kann. Eines Tages stürze ich ein. Sie ist stärker als ich.“
„Was du nicht sagst“, …

… piepste der Mäuserich und tat einen Freudensprung. Schnurstracks lief er zu der Maus, bat sie um ihre zierliche Tochter und feierte noch am selben Tag Hochzeit mit ihr.

Die Ente und die Eule

Es war einmal eine Birke, die stand auf einer Wiese. Gleich neben dieser Wiese glitzerte ein Teich und eine Ente schwamm auf dem Wasser herum. Ab und zu tauchte sie ihren Schnabel ein. Dann stieg die Ente ans Land, schüttelte sich und sah lange zu dem Baum hinauf. Als sie genug geschaut hatte, rief sie:

„He, du da oben!“
„Hm“, brummte eine Stimme hoch oben in der Birke.
„Bist du eine richtige Eule?“, sagte die Ente.
„Hm.“
„Komm doch mal runter“, rief die Ente.
„Hm“, brummte die Eule und gähnte.
Dann kam sie heruntergeflattert.
„Oh“, sagte die Ente, „ich hätte gar nicht gedacht, dass eine Eule so schöne, große Flügel hat.“
„Hm“, sagte die Eule wieder, aber sie freute sich, dass die Ente ihre Flügel schön fand.
„Warum sagst du immer ‚hm‘? Kannst du sonst nichts sagen?“
„Natürlich kann ich“, sagte die Eule, „aber ich hab keine Lust. Ich war gerade am Schlafen.“
„Du liebe Zeit“, sagte die Ente. „Wie kannst du nur mitten am hellen Tag schlafen? Das kann man doch gar nicht.“
„Ich weiß nicht, was du meinst“, sagte die Eule. „Ich schlafe immer am Tage.“
„Das ist komisch“, sagte die Ente. „Man schläft doch in der Nacht.“
„Man schläft in der Nacht, sagst du? Überhaupt nicht! Nachts ist es viel zu aufregend zum Schlafen, wenn es richtig dunkel ist, wenn man seine Augen weit aufmacht und wenn man wartet, ob etwas zum Essen vorbeikommt.“
„Bei dir piept's wohl“, sagte die Ente. „Das Essen kommt doch nicht vorbei. Man muss herumschwimmen und tauchen und immer wieder suchen, bis man was findet.“
„Eine alberne Art zu essen“, murmelte die Eule.

Die Ente ärgerte sich. „Das ist nicht albern, das ist normal“, sagte sie wütend.
„Bei dir piept’s wohl“, sagte die Eule. „Normal ist, wenn man im Dunkeln durch den Wald schwebt. Ganz leise. Und wenn dann im trockenen Laub ein kleines Tier raschelt … stürzt man sich blitzschnell drauf und isst es auf.“
„Entsetzlich!“, schrie die Ente. „Wie gemein das ist! Wenn ich bloß dran denke, wird mir schon übel.“
„Und was isst du?“, kreischte die Eule. Sie ärgerte sich auch. „Entengrütze isst du? Ekelhaft! Davon wird mir übel. Und wie kann man überhaupt mitten am Tage essen!“
Jetzt zischte die Ente voller Wut: „Wenn du es genau wissen willst: Man isst am Tage. Alle tun das!“
„Ach was, kein Mensch tut das“, schrie die Eule. „Man hat erst richtigen Hunger, wenn es dunkel wird.“
„Das ist dummes Zeug“, schnatterte die Ente. „Dummes Zeug, dummes Zeug, dummes Zeug!“

So saßen die beiden auf der Wiese und stritten sich. Die Eule machte ein paarmal den Schnabel auf und zu, als müsste sie sich besinnen. Dann schüttelte sie sich.

„Du, Ente“, fragte die Eule, „warum streiten wir uns eigentlich? Weißt du noch, warum wir angefangen haben?“
„Natürlich“, sagte die Ente, „weil du alles falsch machst, darum.“
„Das ist gar nicht wahr“, sagte die Eule. „Ich mach es nicht falsch, ich mach es anders und so geht es auch. Ich mach es eben so, wie es die Eulen machen.“
„Und ich mach es so, wie es die Enten machen. Du hast Recht. Darüber braucht man sich nicht zu streiten.“

Hanna Johansen

Mit Schrift gestalten

Seite 10/11

Leber für Schmatzi: Hier ist der Text durch viele verschiedene Schriften lustig „in Bewegung geraten".

Seite 36

Novemberregen: Hier hat ein Zeichner das Gedicht in ein großes Regenbild verwandelt.

So kannst du selber ein Gedicht oder einen kleinen Text verändern. Damit kannst du zeigen, was dir besonders gefällt, was für dich wichtig ist oder was du interessant findest.

Bei jedem Text musst du entscheiden, was du hervorheben willst: bestimmte Wörter, Satzteile oder einzelne Sätze.

Du kannst manche Wörter vergrößern

oder manche Wörter verkleinern

Denke dir passende Schriften aus: nervös

Benutze Farben, wenn du willst: Frühling Sonne Himmel

Oder ersetze Wörter im Text durch Bilder: ein  Opas 

Hast du ein Lieblingsgedicht? Suchst du einen Text zum Verschenken? Magst du manchmal ein Gedicht besonders gern, weil es gerade zu deiner Stimmung passt?
Gibt es Gedichte, die du für dich selbst aufschreiben möchtest, weil du darüber nachdenken willst?
Schau im Lesebuch nach, ob du einen Text findest, den du gerne auf eine ganz besondere Art gestalten möchtest.

Oder versuche es mit diesem Text hier:

> *Wo ist der Schatz?*
> *Beginne an dem schiefen Turm,*
> *der auf dem höchsten Hügel der Insel steht.*
> *Folge dem Schatten, den der Turm um 15 Uhr wirft.*
> *Gehe hinab ins Tal, dann wieder bergauf und bergab.*
> *Hinter einer kleinen Brücke rechtsherum*
> *bis zu den drei schmalen Felsen,*
> *die wie Pfeile aus dem Boden ragen.*
> *Genau in der Mitte dazwischen ist der Punkt.*
> *Hier musst du graben.*

Probiere aus, wie du diesen Schatzplan geheimnisvoll oder lustig gestalten kannst. Du kannst alle Möglichkeiten miteinander verbinden: Wörter besonders hervorheben, andere Wörter durch Bilder ersetzen, besondere Schriften erfinden, verschiedene Farben benutzen …

Seite 12

Aus der Wolke: Hier siehst du, wie man mit Schrift sogar Bilder malen kann. Versuche es selber mal. Mache es wie Tanja: Fange mit einfachen Formen an.

Seite 38

Baumgedichte: Versuche einen Baum mit Schrift zu malen. Dabei gibt es ganz verschiedene Möglichkeiten. Du kannst ihn zum Beispiel nur mit dem Wort BAUM gestalten. Vielleicht versteckt sich ja ein kleiner VOGEL in der Baumkrone? Oder du überlegst dir, woraus dein Baum besteht: WURZEL, STAMM, AST, ZWEIG, BLÄTTER oder BAUMKRONE

Ideen übernehmen – selber machen

Seite 6

Rätsel: Es ist gar nicht so schwer, mit Reimwörtern selber kleine Rätsel zu erfinden. Versucht es mal.
Macht euch zuerst eine Sammlung von Reimwörtern.
Überlegt, zu welchen Reimwörtern euch etwas einfällt. Manchmal müsst ihr ein bisschen probieren.

> *Mit T ist es ein immergrüner Baum,*
> *mit W steht es im Baderaum.*
>
> *Kann es bellen, nennt man's H...,*
> *sind Zähne drin, so heißt es M...*

Seite 8

Zungenbrecher: Solche kleinen Zungenbrecher könnt ihr leicht selber machen. Sucht euch einen Buchstaben aus. Geht in Gedanken Wörter durch, die mit diesem Buchstaben beginnen. Sicher habt ihr schon bald den Anfang eines Satzes gefunden, den ihr weiterspinnen könnt.

> *Große Giraffen genießen gerne Gänsewein.*

Seite 9

In der Jugendherberge: Sicher kannst du ein  malen?
Statt acht-Wörter könnt ihr auch ei-Wörter sammeln, davon gibt es jede Menge: *Arznei, Geschrei, Polizei, Brei, Arbeit, Freizeit, Streit, Seil, Kleid, Leim, Schleim, Reim, Bein, Schwein, mein, dein, frei, fein ...*
Ihr findet bestimmt ganz viele.
Schrbe nen klnen Text und ersetze die Buchstaben ei immer durch n gezchnetes Bild.

Seite 134

Schöne Wörter aus der Werbung: Überlegt, wie Dinge sein können: *kuschelig, warm, cool, knusprig, schnell, super ...*
Setzt eigene lustige Werbewörter daraus zusammen.

Seite 28

Ferienelfchen: Diese Elfchen haben Kinder geschrieben. Vielleicht kennst du Elfchen ja bereits aus dem 2. Schuljahr. Man nennt solche Gedichte Elfchen, weil sie aus elf Wörtern bestehen.

Wort	*Sommer*
Wort Wort	*Blumen blühen*
Wort Wort Wort	*Bienen summen herum*
Wort Wort Wort Wort	*Ich träume im Gras*
Wort	*Wunderbar*

Das einzelne Wort am Anfang gibt das Thema vor. Das kann eine Jahreszeit, eine Farbe, eine Person, ein Gefühl, ein Gegenstand ... sein. In den folgenden Zeilen wird etwas darüber erzählt. Wichtig ist, dass jede Zeile für sich gelesen einen Sinn ergibt. Das Schlusswort in der letzten Zeile fasst die Gedanken zusammen.

Seite 38

Baumgedichte: Suche dir einen Baum aus und betrachte ihn eine Weile ganz in Ruhe. Schreibe ein Elfchen über ihn.

Seite 51

Alles kann man nicht sagen: Gibt es jemanden in deiner Familie, dem du gerne ein Elfchen schreiben würdest? Gerade mit einem Gedicht kann man manche Dinge besser ausdrücken.

Sicher sind im Lesebuch noch viele andere Themen angesprochen, zu denen du vielleicht ein Elfchen schreiben möchtest.

Gedichte-Werkstatt

Seite 57

Familie: Auf dieser Seite stehen unten zwei Texte, in denen sich ein Wort versteckt hat. Du findest bestimmt die …

L ies das Gedicht.
Ö ffne deine Augen!
S ieh dir die ersten Buchstaben jeder Zeile an.
U ntereinander geschrieben stehen sie da.
N un lies sie von oben nach unten.
G enau!

Das versteckte Wort wird also untereinander geschrieben. Jeder Buchstabe ist der Anfang einer neuen Zeile. Diese Gedichte nennt man Akrostichon. Es ist gar nicht schwer, auf diese Art ein Gedicht zu machen. Probiere es mit deinem Namen. Wie viele Wörter oder Sätze du in eine Zeile schreibst, bleibt dir überlassen. Aber alles zusammen gelesen muss einen Sinn ergeben und irgendetwas über dich erzählen.

K IRSTIN
I ST
R ÜCKSICHTSVOLL.
S IE
T UT FAST
I MMER
N UR GUTES.

Seite 112

Freundschaftsspiele: Schreibe ein Akrostichon zum Namen deines Freundes oder deiner Freundin.

Seite 28

Ferien: Schreibe das Wort FERIEN untereinander. Was fällt dir dazu ein?

Seite 37

Ich schenke dir diesen Baum:
Kannst du ein Akrostichon zum BAUM schreiben?

Seite 103

Eines Morgens ist der Frühling da: In diesem Gedicht hat die Autorin beschrieben, mit welchen Sinnen der Frühling wahrgenommen wird.
Hier ist eine Idee, mit der es ganz einfach ist, auch ein Gedicht mit allen Sinnen zu schreiben: Beschreibe den Frühling als

Farbe	*Der Frühling ist ...*
Geschmack	*Der Frühling schmeckt nach ...*
Geruch	*Der Frühling riecht nach ...*
Aussehen oder Form	*Der Frühling sieht aus wie ...*
Ton oder Klang	*Der Frühling klingt wie ...*
Erlebnis	*Der Frühling ist, als wenn ...*

So kannst du zum Beispiel auch Gefühle genau und schön ausdrücken.

Seite 110/111

Rosalinde hat Gedanken im Kopf: Am Ende der Geschichte ist Rosalinde stinkwütend auf Fredi.
Wie ist das bei dir, wenn du wütend bist?
Wie fühlst du dich dann? Beschreibe:

Farbe	*Wut ist ...*
Geschmack	*Wut schmeckt nach ...*
Geruch	*Wut riecht nach ...*
Aussehen oder Form	*Wut sieht aus wie ...*
Ton oder Klang	*Wut klingt wie ...*
Erlebnis	*Wut ist, als wenn ...*

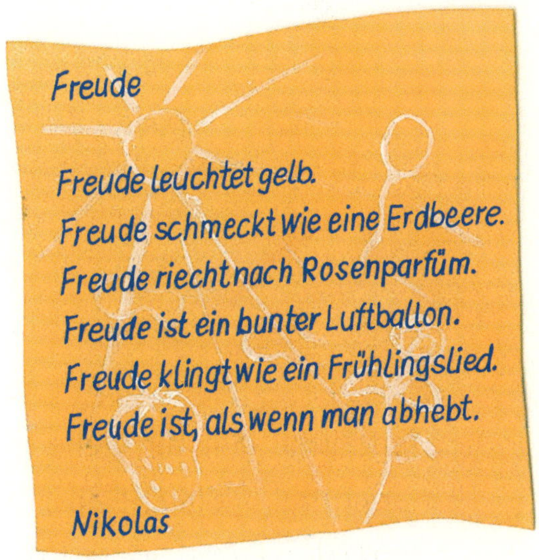

Auf diese Art kannst du Gedichte auch zu anderen Gefühlen schreiben, zum Beispiel zu Mut, Angst, Liebe, Ärger, Freundschaft, Streit …

Wörter sammeln – Geschichten schreiben

Seite 5

Der Bücherkater: Eine friedliche Stimmung herrscht bei den lesenden Tieren in der Dachkammer.
Wie ist das bei dir? Wann oder wo macht dir Lesen Spaß?

Wenn dir nicht gleich etwas dazu einfällt, versuche es einmal so:

Schreibe das Wort (Lesen) in die Mitte auf ein Blatt Papier und ziehe einen Kreis darum. Das Wort (Lesen) ist dein Kernwort.

Du kannst aber auch (Lesen ist vergnüglich, wenn …) als Kernwort in die Mitte schreiben.

Dazu sammelst du nun erst mal alle deine Ideen.
Schreibe alle Wörter, die dir zu (Lesen) einfallen, ringsherum auf das Blatt und ziehe ebenfalls Kreise darum.

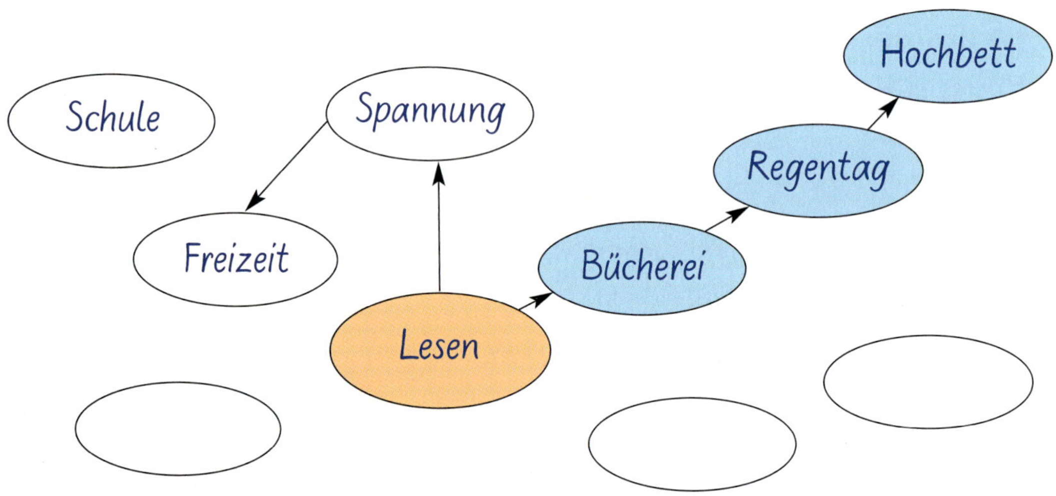

Manchmal fällt dir vielleicht nur ein einzelnes Wort ein, manchmal vielleicht auch gleich ein zweites oder drittes Wort. Wenn du meinst, dass bestimmte Ideen zusammengehören, dann verbinde sie durch Striche oder Pfeile.

Nach einer Weile weißt du vielleicht, worüber du schreiben möchtest. Dann hörst du einfach mit dem Ideen-Sammeln auf und fängst an deine Geschichte aufzuschreiben.

In dem Beispiel links hat sich das Kind für eine Spur entschieden und diese Wörter blau markiert.

Auch gemeinsam mit anderen kann man eine solche Wörtersammlung oder Ideensammlung anlegen.

Manche Geschichten im Lesebuch werden dich vielleicht an eigene Erlebnisse erinnern, zu denen du auch etwas schreiben kannst.

Seite 14

Hauchte, wetterte, sprach, brüllte: Bestimmt hattest du auch schon mal Angst im Dunkeln.
Dann könnte dein Kernwort zum Beispiel *Angst* heißen.

Seite 75

Schalldämpfer Schnee: Was fällt dir beim Kernwort *Schnee* ein?
Kannst du deine Geschichte dazu schreiben?

Seite 28

Ferien: Zum Kernwort *Ferien* fällt dir bestimmt etwas ein.

Seite 137–139

Katzensprung: Ist dir schon mal etwas Ähnliches passiert?
Oder fällt dir zum Kernwort *Computer* etwas anderes ein?

Werkstatt

Sich zu Texten etwas ausdenken

Seite 85

Nur eine Bank irgendwo?

Wer mag schon alles auf dieser Bank gesessen haben? Was mag sich dort schon alles ereignet haben? Denke dir eine Geschichte aus.

Aus vielen Geschichten im Jo-Jo Lesebuch können noch ganz andere Geschichten entstehen.
Zum Beispiel, indem du dir zu einem Text eine Fortsetzung ausdenkst.
Oder indem du dich in die Figur einer Geschichte hineindenkst und etwas aus ihrer Sicht dazu erzählst.
Oder indem du ein eigenes Erlebnis zu dem Thema beschreibst …

Seite 39

Die Lebensgeschichte des Baumes:

An den Jahresringen kannst du nicht nur das Alter eines Baumes erkennen. Du siehst auch, ob es gute oder schlechte Jahre waren.
Erzähle ein Erlebnis aus dem Leben eines Baumes.

Seite 104

Der 1. April: Bist du auch schon mal in den April geschickt worden? Oder hast du schon mal jemanden mit einem besonders lustigen April-Scherz hereingelegt? Schreibe es auf.

Seite 129

Und wo ist das Kinderzimmer? Wie sich Fabia und Bruno kennen lernen, wird in der Geschichte von Fabia erzählt.
Was mag wohl Bruno am Abend ihren Eltern davon erzählen?

Seite 127
Liebe Aygün: Bestimmt kennt ihr selber auch einige Wörter in anderen Sprachen.
Macht euch doch ein eigenes Wörter-Lexikon.

Ihr braucht dazu ein Heft oder ein Ringbuch. Jeder Anfangsbuchstabe bekommt ein Blatt. Vorne schreibt ihr, nach dem Anfangsbuchstaben geordnet, die deutschen Wörter hin, für die ihr die Übersetzung in eine andere Sprache kennt.
Lasst euch von anderen Kindern Wörter, die ihr gerne wissen möchtet, übersetzen und diktieren.
Oder: Sammelt zum Beispiel die Übersetzungen für alle Wochennamen oder für Verwandte ...:

	Türkisch	Italienisch	Polnisch	...
Sonntag	pazar	domenica	...	
Montag	pazartesi	lunedi	...	
...				
Mutter	anne	madre	...	
...				

Seite 131
Rezept für eine türkische Spezialität: Fladenbrot (Pide):
Fragt Kinder aus anderen Länder, wie ihr Lieblingsessen heißt.

Seite 132
Wirf mir den Ball zurück, Mitura: Findet heraus, was *Ball*, *gelb* und *Freund* in anderen Sprachen heißt.
So könnt ihr das Gedicht leicht fortsetzen.

Geschichten zu Bildern

Herr Raffke im Wald

Hans Jürgen Press

Auch mit Bildern kann man Geschichten erzählen. Das macht der Zeichner Hans Jürgen Press zum Beispiel in seinen Büchern über den kleinen Herrn Jakob. Eine dieser Geschichten siehst du hier. Welche Geschichte steckt in diesen Bildern? Kannst du sie mit Worten erzählen?

① *Einmal ging der kleine Herr Jakob in den Wald um Pilze zu sammeln. Als er ...*

Seite 7

Der Schmöker/Das fesselnde Buch: Auch e. o. plauen, so heißt dieser Zeichner, erzählt mit Bildern. Suche dir eine der beiden Geschichten aus und erzähle oder schreibe sie in Worten auf.

Seite 63

Fernsehen: Erzähle die Geschichte zu diesen Bildern. Die Sprechblasen helfen dir dabei.
Wie würden sich deine Eltern verhalten?
Wird bei euch zu Hause viel ferngesehen?

Seite 86/87

Und alle Jahre wieder saust der Presslufthammer nieder: Beschreibe die Bilder und erzähle dazu.
Was passiert zum Beispiel mit dem kleinen Haus?
Wo können die Kinder auf den einzelnen Bildern spielen?

Seite 70/71

Beruf: Comiczeichner: Hier erfährst du, wie ein Comic entsteht und wie viel Arbeit darin steckt.

Aus manchen Geschichten im Jo-Jo Lesebuch kannst du selber auch Bildgeschichten oder Comics machen.
Hast du vielleicht eine Lieblingsgeschichte im Lesebuch?
Auch eine selber ausgedachte Fortsetzung zu einer Geschichte kannst du als Comic gestalten.
Male Bilder zu verschiedenen Abschnitten in einer Geschichte.
Mit kurzen Texten in Sprech- oder Denkblasen wird es ein Comic.

Seite 46/47

Der letzte Baum: Erzähle mit deinen Bildern die Geschichte von dem Wald auf dem kleinen Hügel bis zum letzten Baum.

Seite 101/102

Wie der Frühling den Winter vertreibt: Male Bilder zu den vier Abschnitten der Geschichte.

Mit der Fantasie auf Reisen

Seite 121

Die fliegende Mühle:

Bist du schon einmal mit einer Windmühle geflogen? Versuche es! Lass dir den Text vorlesen.

Setze dich bequem hin, stelle deine Füße auf den Boden.
Lege deine Arme langsam auf den Tisch.
Lege deinen Kopf in deine Arme.
Schließe nun die Augen.

Gehe in Gedanken über eine Wiese,
auf der die Windmühle steht.
Die Windmühle steht groß vor dir.
Die geöffnete Tür lädt dich ein einzusteigen.
Kaum bist du drin, schließt sich die Tür.
Die Flügel beginnen sich zu drehen und du
hebst mit der Windmühle ab.
Ihr fliegt hoch und weit, weit fort.
Du schaust nach unten.
Unter dir siehst du …
…
(ca. 3 Minuten)

Nun wird es Zeit für die Heimreise.
Langsam sinkt die Mühle hinab.
Bald wird sie wieder landen.
Unter dir wird langsam alles wieder größer.

Nach deiner fantastischen Reise kannst du deine Erlebnisse aufschreiben.

Die Kinder der Klasse 3a haben für ihre Reise-Geschichten viele spannende Anfänge gefunden:

Meine Eltern und ich waren zu einer Windmühlenausstellung eingeladen. Wir sahen dort ganz viele Mühlen. Eine war so schön, dass ich hineingehen musste. In der Windmühle waren viele Knöpfe. Ich drückte auf einen ...

Jan

Es war Nacht. Ich lag in meinem Bett und konnte nicht einschlafen. Auf einmal machte es „kracks"! Ich guckte aus dem Fenster. Im Garten stand eine Windmühle. Ich ging hinunter ...

Natalie

Als ich aufwachte, das war an einem Donnerstag, sah ich vor meinem Fenster eine Windmühle. Ich dachte, ich träume, als ich ...

Felix

Probiere es mit einem dieser Anfänge oder finde einen eigenen.

Seite 16

Aus dem Schultagebuch einer Schülerin im Jahre 2128:
Hier kannst du mit deiner Fantasie in die Zukunft reisen.

Werkstatt

Geräusche zu Geschichten

Seite 156

Das Regenmusikhaus: Bist du auch der Meinung von Ilse: Etwas ungewohnt, das Ganze ...?

Könnt ihr euch vorstellen, wie es in einem Regenmusikhaus klingt? Probiert es aus.

Dazu braucht ihr

1. einen Kassettenrekorder
2. verschiedene Gefäße und andere Gegenstände wie Eimer, Schüsseln, Gläser, Topfdeckel, Kannen, Teller, eine Gießkanne
3. und viel Wasser.

Lasst das Wasser auf alle möglichen Flächen und in die verschiedenen Gefäße fließen, tropfen, plempern ... – mal schneller, mal ganz langsam.
Die verschiedenen Wassergeräusche, die dabei entstehen, zeichnet ihr mit dem Kassettenrekorder auf.

In der Klasse hört ihr euch die unterschiedliche Regenmusik an.
Welche Musik passt am besten, wenn ihr die Geschichte dazu vorlest?

Seite 36

Novemberregen:
Auch zu diesem Regengedicht könnt ihr passende Geräusche ausprobieren und zu Hause auf Kassette aufnehmen.
Überlegt, welche Gegenstände ihr dazu braucht.

Seite 153

Das Gewitter: Es macht Spaß, das Gedicht mit Gewittergeräuschen zu begleiten.
Geräusche, die zu dem Text passen, kennt ihr sicherlich.

Besprecht gemeinsam: Was soll man hören?
Wie kann man zum Beispiel die heraufziehenden Gewitterwolken hören?
Wie könnte sich der Blitz anhören?
Wo hört man den Donner –
mal ganz nah, mal in der Ferne?
Wie hört sich ein Platzregen an ...?

Probiert, welche Instrumente und Gegenstände die passenden Geräusche erzeugen.
Übt auch, wie eure Stimme beim Vortragen des Gedichts am besten klingt.
Das Gedicht lässt sich auch gut von mehreren Kindern vortragen.

Seite 28

Opas Muschel: In Opas Muschel kann man wunderschöne Dinge hören.
Könnt ihr euch vorstellen, wie das Meer rauscht,
wie sich das Flüstern und Tuscheln
der schäumenden Wellen
oder wie sich der Wind anhört?
Hört ihr auch Möwen, Schiffe ...?
Findet passende Geräusche
und nehmt sie auf Kassette auf.

Werkstatt Drehbücher schreiben: Texte spielen

Seite 31

Der Fuchs und die Weintrauben: Diese Geschichte könnt ihr in ein kleines Theaterstück verwandeln.
Zuerst müsst ihr überlegen, was der Fuchs alles sagen könnte, als er die Weintrauben sieht. Zum Beispiel:

Der Fuchs ____ : „Oh, wie gerne würde ich ...“

Dann ist er wütend:

Der Fuchs ____ : „Zum Teufel ...“

Überlegt gemeinsam, was der Fuchs und auch die Maus sagen sollen, und schreibt es auf.
Nun wisst ihr, was eure Schauspieler sagen. Aber wie sollen sie die Sätze sprechen? Sammelt Wörter aus dem Wortfeld „sagen“:
schimpfen, klagen, schreien, jammern, überlegen ...
Tragt passende Wörter vor der wörtlichen Rede ein.

Natürlich müssen die Schauspieler auch wissen, wie sie sich bewegen müssen. Sollen sie herumlaufen, die Arme heben ...
Überlegt, was der Fuchs alles macht, als er die Weintrauben sieht:
sich gierig das Maul lecken, sich aufrichten, hochspringen ...
Schreibt eure Spielanweisung mit einer anderen Farbe dazu.

Seite 31

Herbstwind und Sonne: Auch zu dieser Geschichte könnt ihr ein Drehbuch schreiben und sie dann spielen.

Seite 88

Die hat's gut: Was würde wohl passieren, wenn sich die beiden Frauen unterhalten?
Bildet Gruppen. Jede Gruppe schreibt ein Drehbuch mit Texten und Spielanweisungen. Spielt euch eure Fortsetzungen gegenseitig vor.

Informationen sammeln und ordnen

Seite 48/49

Waldsterben – was ist das? In diesem Text stecken sehr viele verschiedene Informationen.

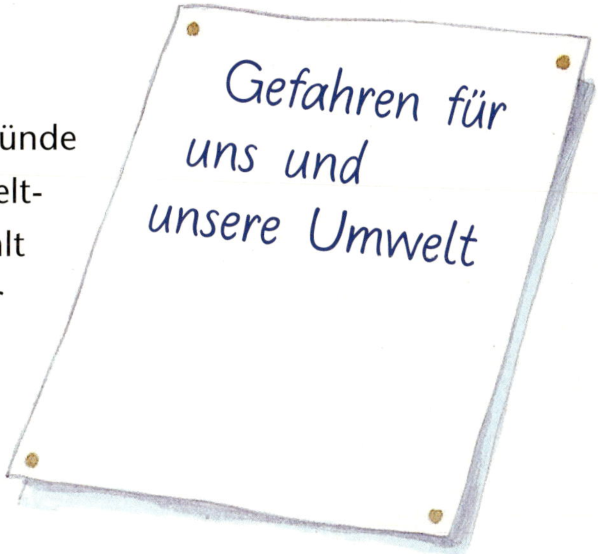

Bildet Gruppen:
Eine Gruppe sucht heraus, welche Gründe für die immer weiter steigende Umweltverschmutzung in dem Text aufgezählt werden. Welche Umweltverschmutzer werden dort genannt? Schreibt oder malt sie auf ein großes Plakat.

Eine andere Gruppe sucht alle Informationen heraus, die erklären, was saurer Regen ist und wie er entsteht.

Die nächste Gruppe beschäftigt sich mit den Bäumen. Was für Schäden richtet der saure Regen bei den Bäumen an? Könnt ihr es auf einem Plakat zeigen?

Wenn ihr weitere Informationen sammeln wollt, schaut im Lexikon nach oder in Sachbüchern. Auch das Internet bietet Möglichkeiten, sich zu informieren.

Im Lesebuch werden viele Themen angesprochen, zu denen ihr weitere Informationen sammeln könnt. Je mehr ihr zu einem Thema erfahrt, umso wichtiger ist es, diese Informationen sinnvoll zu ordnen.

Textwerkstatt

Inhaltsverzeichnis

Lesen ist vergnüglich

Schule hat viele Gesichter

Wieder ist es Herbst

Der Wald

Familien sind verschieden

Menschen arbeiten

Ich und die anderen

Bei uns und anderswo

Weite Welt – ganz nah

Natur und Technik

Die Sonne berührt meine Haut

Martin Auer: Dichter und Zauberkünstler

Vorhang auf – Theater im Karton

Textwerkstatt

Verfasser- und Quellenverzeichnis

21 **van Andel, Lydia/van Sijl, Ineke**: Blind sein. Mit Fotos von Rein van Koppenhagen, Vught. Aus der Reihe: Der Guckkasten. Hamburg: Saatkorn-Verlag 1992 © Gorinchen, Niederlande: De Ruiter 1988

148 **Arnold, Katrin**: Wenn das Licht ausgeht (Auszug, gek.). München: Ellermann 1984

31 **Äsop**: Der Fuchs und die Weintrauben. Aus: Ludwig Mader (Hrsg.): Antike Fabeln. Zürich: Artemis Verlag 1951

51 **Auer, Martin**: Alles kann man nicht sagen. Aus: Hans-Joachim Gelberg (Hrsg.): Überall und neben dir. Weinheim-Basel: Beltz Verlag 1986, Programm Beltz und Gelberg

114 Ein richtiger Bub. Aus: Von Pechvögeln und Unglücksraben. Weinheim-Basel: Beltz Verlag 1989, Programm Beltz und Gelberg (Bilder: Simone Klages)

103 **Bächler, Wolfgang**: Ins Weiße blickend. Aus: Ausbrechen. Gedichte aus 30 Jahren. Frankfurt/M.: Fischer Verlag 1976

76 **Bektas, Habib**: Şirin wünscht sich einen Weihnachtsbaum (Auszug, gek.). Ravensburg: Ravensburger Buchverlag Otto Maier 1991

106 **Birkel, Alfred**: Palmbuschen und Palmesel. Aus: Schwarz auf weiß. Lesebuch für die Grundschule 4. Hannover: Schroedel Verlag 1982 © beim Autor

65 **Boie, Kirsten**: Mittwochs darf ich spielen.

128 Und wo ist das Kinderzimmer? Aus: Mittwochs darf ich Spielen. Hamburg: Oetinger 1993

50 **Boljan, Roland**: Ein Barfuß-Klassenzimmer-Mandala. © beim Autor

84 Bolliger, Max: Worüber wir staunen. Aus: Weißt du, warum wir lachen und weinen? Lahr: Ernst Kaufmann o. J.

92 Sankt Magnus, 6. September.

93 Der ewige Pförtner: Konrad von Parzham. Aus: Wie Georg den Drachen bezwang und 51 weitere Legenden für jede Woche des Jahres. Freiburg im Breisgau: Herder 1994

64 **Bösze, Ilse Viktoria**: Der Haarschnitt. Aus: Hans Gärtner (Hrsg.): Das Geschichtenjahr. Mödling-Wien: Verlag Sankt Gabriel 1997

37 **Braem, Harald**: Ich schenke dir diesen Baum. Aus: Hans-Joachim Gelberg (Hrsg.): Augenaufmachen. 7. Jahrbuch der Kinderliteratur. Weinheim-Basel: Beltz Verlag 1984, Programm Beltz und Gelberg © beim Autor

6 **Brand, Christine**: Rätsel. Aus: Es fliegt und ist kein Vogel. Weinheim-Basel: Beltz Verlag 1993, Programm Beltz und Gelberg

32 **Bräunling, Elke**: Herbstzeit – Grippezeit. Aus: Wenn die Blätter bunt sich färben. Konstanz: Christl. Va. 1993

52 **Bröger, Achim**: Spätschichttage sind Spaghettitage (Auszug, gek.). Würzburg: Arena Verlag 1985

9 **Burger, Antje**: In der Jugendherberge. Aus: Rätselbude Nr. 3. Weinheim-Basel: Beltz Verlag 1992, Programm Beltz und Gelberg

66 Bruder Jan. Aus: Hans-Joachim Gelberg (Hrsg.): Die Erde ist mein Haus. Weinheim-Basel: Beltz Verlag 1988, Programm Beltz und Gelberg

54 **Bydlinski, Georg**: Wenn Mama ins Büro geht. Aus: Die bunte Brücke – Reime, Rätsel und Gedichte. Freiburg/Basel/Wien: Herder 1992

151 Garten. Aus: Hans-Joachim Gelberg (Hrsg.): Überall und neben dir. Weinheim-Basel: Beltz Verlag 1986, Programm Beltz und Gelberg

131 **Casparek-Türkkan, Erika**: Rezept für eine türkische Spezialität: Fladenbrot. Aus: Türkisch kochen. München: Grafe und Unzer Verlag 1992

46 **Chudõilov, Petr**: Der letzte Baum. Aus: Auf dem Walfisch. Ravensburg: Ravensburger Buchverlag Otto Maier o. J.

78 **Cratzius, Barbara**: Die Kinder beschenken das Christkind. Aus: Barbara Cratzius, Gisela Könemund: Theaterstücke zur Weihnachtszeit. Ravensburg: Ravensburger Buchverlag Otto Maier 1990

26 **Dietl, Erhard**: Lothar und das Zeugnis (Auszug, gek., Text und Illustration) Ravensburg: Ravensburger Buchverlag Otto Maier 1999

73 **Feustel, Günther**: Schneeschnittmusterwiese. Aus: Hans-Joachim Gelberg (Hrsg.): Oder die Entdeckung der Welt. Weinheim-Basel: Beltz Verlag 1997, Programm Beltz und Gelberg

31 **La Fontaine**: Herbstwind und Sonne. Aus: Der Sonnebogen. München: Ellermann 1976

82 **von Goethe, Johann Wolfgang**: Ein großer Teich war zugefroren. Aus: Erich Trunz (Hrsg.): J. W. von Goethes Werke. Hamburger Ausg. in 14 Bde. München: Deutscher Taschenbuch Verlag 1982

122 **Gressmann, Wolfgang**: Leben auf drei Rädern (Text und Fotos). Aus: Mücke – die Kinderzeitschrift für Schule und Freizeit. Heft 4/1993. Wiesbaden: Universum Verlagsanstalt 1993

98 **Grimm, Jakob und Wilhelm**: Die Bienenkönigin. Aus: Alte Märchen der Brüder Grimm. Weinheim-Basel: Beltz-Verlag 1990, Programm Beltz und Gelberg

14 **Guggenmos, Josef**: Hauchte, wetterte, sprach, brüllte. Aus: Das kunterbunte Kinderbuch. Freiburg: Herder Verlag 1987

38 Bruder Ahorn. Aus: Hans-Joachim Gelberg (Hrsg.): Geh und spiel mit dem Riesen. 1. Jahrbuch der Kinderliteratur. Weinheim-Basel: Beltz Verlag 1971, Programm Beltz und Gelberg

153 Das Gewitter. Aus: Was denkt die Maus am Donnerstag? Recklinghausen: Georg Bitter Verlag 1967

56 **Gündisch, Karin**: Das Bild. Aus: Mücke – Die Kinderzeitschrift für Schule und Freizeit. Heft 1/91. Wiesbaden: Universum Verlagsanstalt 1991 © bei der Autorin.

120 Stefan. Aus: Hans-Joachim Gelberg (Hrsg.): Die Erde ist mein Haus. 8. Jahrbuch der Kinderliteratur. Weinheim-Basel: Beltz Verlag 1988, Programm Beltz und Gelberg

74 **Halbfas, Hubertus**: Eine Nikolauslegende. Aus: Religionsunterricht in der Grundschule. Zürich-Köln: Benzinger Verlag, Düsseldorf: Patmos 1983

30 **Hebbel, Friedrich**: Herbstbild. Aus: Gedichte. Stuttgart-Augsburg: Cotta Verlag 1857

103 **Heine, Heinrich**: Leise zieht durch mein Gemüt. Aus: Paul Stapf (Hrsg.): Werke. 2 Bde. Wiesbaden: Löwit 1975

152 **Heyne, Isolde**: Siebenschläfer. Aus: Hans Gärtner (Hrsg.): Das Geschichtenjahr. Mödling-Wien: Verlag Sankt Gabriel 1997

127 **Hohler, Franz**: Die blaue Amsel. Aus: Hans-Joachim Gelberg (Hrsg.): Was für ein Glück. 9. Jahrbuch der Kinderliteratur. Weinheim-Basel: Beltz Verlag 1991, Programm Beltz und Gelberg

83 **Jatzek, Gerald**: Die Zeit. Aus: Hans-Joachim Gelberg (Hrsg.): Was für ein Glück. 9. Jahrbuch der Kinderliteratur. Weinheim-Basel: Beltz Verlag 1993, Programm Beltz und Gelberg

96 Rumpelstilz sucht Freunde. Aus: Hans-Joachim Gelberg (Hrsg.): Oder die Entdeckung der Welt. Weinheim-Basel: Beltz Verlag 1997, Programm Beltz und Gelberg

166 **Johansen, Hanna**: Die Ente und die Eule (Auszug). Ravensburg: Ravensburger Buchverlag Otto Maier 1992. © Zürich-Frauenfeld: Verlag Nagel & Kimche 1988

28 **Kaléko, Mascha**: Opas Muschel. Aus: Wie's auf dem Mond zugeht. Sigmaringen: Jan Therbecke Verlag 1982

84 Kilian, Susanne: Manchmal. Aus: Kinderkram. Weinheim-Basel: Beltz Verlag 1987, Programm Beltz und Gelberg

88 Die hat's gut. Aus: Hans-Joachim Gelberg (Hrsg.): Am Montag fängt die Woche an. Weinheim-Basel: Beltz Verlag 1988, Programm Beltz und Gelberg

132 **Kleberger, Ilse**: Wirf mir den Ball zurück, Mitura! (Auszug). Dortmund: H. Schaffenstein Verlag 1987

116 **Könner, Alfred**: Mäuschenstill. Aus: Das leise Gedicht. Berlin: Altberliner Verlag 1971

38 **Kordon, Klaus**: Biologie. Aus: Hans-Joachim Gelberg (Hrsg.): Überall und neben dir. Weinheim-Basel: Beltz Verlag 1986, Programm Beltz und Gelberg

127 **Kreft, Marianne**: Liebe Aygün! Aus: Hans-Joachim Gelberg (Hrsg.): Augenaufmachen. 7. Jahrbuch der Kinderliteratur. Weinheim-Basel: Beltz Verlag 1984, Programm Beltz und Gelberg

8 **Krüss, James**: Quintus Xaver Quasselstrippe. Aus: Vom Apfelbaum bis Zirkuszelt, ein buntes Abc der Welt. Mannheim, Leipzig, Wien, Zürich: Dudenverlag 1984

144 Das Feuer. Aus: Der wohltemperierte Leierkasten. Gütersloh: Verlag S. Mohn 1961

143 **Kuhn, Werner**: Brand auf dem Dorf. Aus: Feuerwehr in Aktion. Zürich: Pro Juventute 1985

134 **Lanzelsdorfer, Friederike/Pacolt, Ernst**: Schöne Wörter aus der Werbung. Aus: F. Lanzelsdorfer/E. Pacolt (Hrsg.): Neues aus dem Haus Marillengasse 4, Wien-München: Verlag Jugend und Volk 1979

107 **Litten, Margot**: Eleni aus Griechenland erzählt. Aus: Margot Litten (Hrsg.): Osterbuch. Bayreuth: Loewes Verlag 1984

48 **Lucht, Irmgard**: Waldsterben – was ist das? Aus: Die Wald-Uhr. München: Ellermann Verlag

147 **Lustig, Peter**: Elektrische Ladungen und Miniblitze. Aus: Peter Lustigs Löwenzahn, Band 10. Begleitbuch zur Fernsehserie. vgs

6 **Maar, Paul**: Rätsel. Aus: Dann wird es wohl das Nashorn sein. Weinheim-Basel: Beltz Verlag 1988, Programm Beltz und Gelberg

12 **Maar, Paul**: Aus der Wolke. Aus: Onkel Florians fliegender Flohmarkt. Hamburg: Oetinger 1977

33 Vorsicht, Niesgefahr. Aus: Summelsarium. Hamburg: Oetinger 1973

58 Das geht Frau Neugebauer gar nichts an (Auszug, gek.). Aus: Anne will ein Zwilling werden. Hamburg: Oetinger 1982

117 Jakob und der große Junge (Auszug, gek.). Hamburg: Oetinger 1993

16 **Mai, Manfred**: Aus dem Schultagebuch einer Schülerin im Jahre 2128. Aus: Hans-Joachim Gelberg (Hrsg.): Das achte Weltwunder. Weinheim-Basel: Beltz Verlag 1979, Programm Beltz und Gelberg © beim Autor

18 Vertrauen schenken. Aus: Dietrich Steinwede (Hrsg.): Neues Vorlesebuch Religion 2. Lahr: Ernst Kaufmann Verlag 1998 © beim Autor

154 Im Freibad (Auszug, gek.). Aus: Tobi sagt was Sache ist. Ismaning: Hase und Igel 2000

13 **Manz, Hans**: Lies vorwärts oder rückwärts.

47 Waldsterben. Aus: Hans-Joachim Gelberg (Hrsg.): Überall und neben dir. Weinheim-Basel: Beltz Verlag 1986, Programm Beltz und Gelberg

63 Fernsehen. Aus: Die Welt der Wörter – Sprachbuch für Kinder und Neugierige. Weinheim-Basel: Beltz Verlag 1991. Mit Bildern von Simone Klages.

96 **Meindl, Elfie**: Das bayerische Rotkäppchen. Aus: Werner Simon (Hrsg.): Froschkini und Sterntaler. Bayerische Märchenreime nach den Brüdern Grimm. Dachau 1985

10 **Mentzendorff, Karsten A.**: Leber für Schmatzi. Aus: Die Grundschulzeitschrift 22/1989 (Kopiervorlage). Seelze: Friedrich Verlag 1989

104 **Michels, Tilde**: Der 1. April. Aus: Frühlingszeit. München: Deutscher Taschenbuch Verlag 1987

13 **Morgenstern, Christian**: Gruselett. Aus: Galgenlieder, Gingganz und Horatius Travestitus. Sämtliche Dichtungen Bd. 6. Basel: Zbiner-Verlag 1972

5 **Moser, Erwin**: Der Bücherkater (Texte und Abbildungen). Aus: Der Siebenschläfer. Weinheim-Basel: Beltz Verlag 1991, Programm Beltz und Gelberg
121 Die fliegende Mühle (Texte und Abbildungen). Aus: Geschichten aus der Flasche im Meer. Weinheim-Basel: Beltz Verlag 1985, Programm Beltz und Gelberg
156 Das Regenmusikhaus (Texte und Abbildungen). Aus: Der Siebenschläfer. Weinheim-Basel: Beltz Verlag 1991, Programm Beltz und Gelberg
86 **Müller, Jörg**: Alle Jahre wieder saust der Presslufthammer nieder oder Die Veränderung der Landschaft. Aaran/Frankfurt a. M.: Sauerländer 1973
108 **Neie, Rosemarie**: Muttertag. Aus: Lislott Musil (Hrsg.): Es war so lange Tag. Donauwörth: Ludwig Auer 1971
103 **Nöstlinger, Christine**: Eines Morgens ist der Frühling da. Aus: Der Frühling kommt. Hannover: Schroedel 1971
110 Rosalinde hat Gedanken im Kopf (Auszug, gek.). Hamburg: Oetinger 1981
135 Cool Boy. Aus: Ein und alles. Weinheim-Basel: Beltz Verlag 1992, Programm Beltz und Gelberg
60 **Pausewang, Gudrun**: Warum Opa einen Mordshunger bekam. Aus: Dietrich Steinwede (Hrsg.): Neues Vorlesebuch Religion 1. Lahr: Ernst Kaufmann Verlag 1996 © bei der Autorin
67 So verrückt bin ich gern. Aus: Erhard Domay (Hrsg.): Vorlesebuch Symbole. Lahr: Ernst Kaufmann Verlag 1994
7 **plauen, e. o.**: Der Schmöker./Das fesselnde Buch. Aus: Vater und Sohn. Gesamtausgabe © Konstanz: Südverlag 1982 GmbH, Abdruck mit Genehmigung der Gesellschaft für Verlagswerte GmbH Kreutzlingen/Schweiz
109 **Rathenow, Lutz**: Ich freu mich. Aus: Sterne jonglieren. Ravensburg: Ravensburger Buchverlag Otto Maier o. J.
13 **Ringelnatz, Joachim**: Die Ameisen. Aus: Walter Pape (Hrsg.): Ringelnatz. Gedichte. Berlin: Karl Hensel Verlag 1984
91 **Röckl, Ludwig**: Sage vom Geisberg bei Arnstorf. Aus: Erich Eder (Hrsg.): Heimatkundliche Schriftenreihe des Landkreises Rottal-Inn, Heft 2. Pfarrkirchen: Verlag LK Rottal-Inn o. J.
97 **Rodari, Gianni**: Grünkäppchen. Aus: Ueberreuthers Lach- und Schmunzelbuch. Zitiert aus: Eva Kiefer: Lesen macht Spaß. München 1991
38 **Roth, Eugen**: Der Baum. Aus: Hans-Joachim Gelberg (Hrsg.): Der fliegende Robert. 4. Jahrbuch der Kinderliteratur. Weinheim-Basel: Beltz Verlag 1977, Programm Beltz und Gelberg
85 **Ruck-Pauquèt, Gina**: Derselbe Sommer kommt nicht wieder (gek.). Aus: Opa, Kläff und Jonki. Ravensburg: Ravensburger Buchverlag Otto Maier 1971
Foto: Nur eine Bank irgendwo? Aus: Hans-Joachim Gelberg (Hrsg.): Was für ein Glück. 9. Jahrbuch der Kinderliteratur. Weinheim-Basel: Beltz Verlag 1993, Programm Beltz und Gelberg
29 **von Salis-Seewis, Freiherr Johann Gaudenz**: Herbstlied. Aus: Gedichte. Gesammelt durch seinen Freund Friedrich Matthisson. Zürich: Orell und Füssli 1797
20 **Schanze, Michael/Butschkow, Ralf**: Stöpsel im Ohr (gek.). Aus: Aufgepasst im Straßenverkehr. Ravensburg: Ravensburger Buchverlag Otto Maier 1997
80 **Schmalenbach, Heinz**: Büttenrede (gek.). Aus: Alle Kinder machen mit auf der Bühne – in der Bütt. Darmstadt: Verlag Otto Teich 1989
133 **Schmid, Markus/Feldhaus, Hans-Jürgen**: Das Medienbuch. Ravensburg: Ravensburger Buchverlag Otto Maier 1996
24 **Schupp, Karin**: Ein Geheimnis behalten.
57 Eine richtige Familie. Aus: Karin Schupp (Hrsg.): 200 kurze Geschichten. Für Kinder von 5-10. Lahr: Ernst Kaufmann 199 © bei der Autorin
124 **Schwarz, Annelies**: Kati lebt jetzt in Afrika (Auszug, gek.). Aus: Ich wär so gern bei dir in Afrika. Bindlach: Löwe 1997
36 **Schweiggert, Alfons**: Novemberregen. Aus: Seht, wie die Zeit vergeht. Weinheim-Basel: Beltz Verlag 1976, Programm Beltz und Gelberg
17 **Siege, Nasrin**: Das Bauchweh. Aus: Hans Joachim Gelberg (Hrsg.): Die Erste ist mein Haus. 8. Jahrbuch der Kinderliteratur. Weinheim-Basel: Beltz Verlag 1988, Programm Beltz und Gelberg
82 **Streubel, Manfred**: Im Winter kriegt man Gänsehaut. Aus: Gedichte (Honig holen). Halle: Mitteldeutscher Verlag 1976
62 **Student, Sonja**: Mein Zimmer gehört mir. Aus: Mücke – Die Kinderzeitschrift für Schule und Freizeit, Heft 7/8 1988. Wiesbaden: Universum Verlagsanstalt 1988
38 **Tolstoi, Leo**: Apfelbäumchen. Aus: G. Guttenhofer (Hrsg.): Schau in die Welt. Lesebuch der freien Waldorfschulen für das 2. und 3. Schuljahr. Stuttgart: Verlag freies Geistesleben 1989
89 **Treutwein, Karl**: Das Loch unter der alten Mainbrücke. Aus: Sagen aus Mainfranken. Ausgew. und bearb. von Karl Treutwein. Würzburg: Stürtz Verlag 1969
41 **Völter, Nils**: Die kleinen Beschützer des Waldes. Aus: Sommergarten, Heft 5/1966. Stuttgart: Thienemanns Verlag 1966
112 **Vogt, Christa**: Freundschaftsspiele. Aus: Mücke – die Kinderzeitschrift für Schule und Freizeit. Heft 10/1990. Wiesbaden: Universum Verlagsanstalt 1990
30 **Wismeyer, Heinrich**: Zum Erntedank. Aus: Boarischer Brauch. Freilassing: Pannonia-Verlag 1979
120 **Wittkamp, Frantz**: Du bist da und ich bin hier. Aus: Ich glaube, dass du ein Vogel bist. Weinheim-Basel: Beltz Verlag 1987/90, Programm Beltz und Gelberg
136 **Wolf, Klaus-Peter**: Angriff der Viren (gek.) Aus: Leselöwen Computergeschichten. Bindlach: Löwe 1997
137 Katzensprung. Aus: Die schönsten Leselöwen Schulgeschichten. Bindlach: Löwe 1999
123 **Zappe, Kathrin**: Jelaman und sein störrisches Haustier. Aus einem Beitrag der Fernsehreihe „Abenteuer Welt" des MDR

32 Spiele zum Gesundwerden: Aus: Spiele zum Gesundwerden. München: ars edition
39 Die Lebensgeschichte des Baumes: Aus: Tu was, Januar 1993. Zeitschrift für Naturforscher und solche, die es werden wollen! München: Domino Verlag
44 Der Wald und seine Tiere: Aus: Kinder entdecken ... Unsere Umwelt. Time-life Kinderbibliothek. Amsterdam: Time-life Bodes B.V. © 1994
68 Von früh bis spät im Traumberuf: Der Text geht auf einen Artikel von Ulrike Sommerer zurück, erschienen im Nordbayerischen Kurier, Bayreuth
69 Inlineskater wurden perfekt verarztet. Der Text geht auf einen Artikel in der Main-Post vom 27.6.2000, Ausgabe Kitzingen, zurück.
70 Beruf: Comiczeichner, Ein Titelblatt entsteht. Aus: Geolino. Das GEO für Kinder. Heft 4/98. Hamburg: Gruner + Jahr AG & Co.
72 Drahtzieher in luftiger Höhe/Gurkendoppeldecker. Aus: Süddeutsche Zeitung Nr. 83 vom 4.9.1990 bzw. Nr. 179 vom 5.8.1991
75 Schalldämpfer im Schnee: Aus: Tu was, Februar 1993. Zeitschrift für Naturforscher und solche, die es werden wollen! München: Domino Verlag
90 Der Teufelsstein am Kreuzberge bei Vilseck. Aus: Alexander Schöppner: Sagen aus Bayern-Niederbayern und Oberpfalz. München: Süddeutscher Verlag
94 Im Märchenland: Aus: Sagaland. Ein Märchen zum Spielen für Kinder und Erwachsene (Würfelspiel). Von Alex Randolph und Michel Matschoss. Ravensburger Spiele Nr. 60154414. Ravensburg: Otto Maier Verlag 1981 (Der Text ist der Spielanleitung entnommen.)
101 Wie der Frühling den Winter vertreibt: Aus: Frohes lernen Teil 2 (ohne Angabe des Verfassers) Stuttgart: Klett Verlag 1989. Zitiert aus: Grundschulmagazin Heft 3/1998. München: Oldenbourg-Prögel
105 Wie der Hase zum Osterhasen wurde: Aus: Tu was, April 1992. Zeitschrift für Naturforscher und solche, die es werden wollen! München: Domino Verlag
130 Deutsch-türkisches Begegnungsfest. Der Text geht zurück auf einen Artikel in der Buchloer Zeitung vom 10.10.2000
145 Sprichwörter und Redensarten: Aus: Bausteine Grundschule, 3/97. Aachen: Bergmoser + Höller Verlag
164 Der Mäuserich sucht eine Frau. Aus: Das Ungeheuer mit den Hörnern. Sieben Tiermärchen. Berlin: Altberliner Verlag 1983 (Reihe: Bunte Kiste)

Bildquellen

S. 15 Archiv für Kunst und Geschichte, Berlin (Rudolph Gentsch); S. 21, 22, 23 Rein van Koppenhagen, Vught; S. 29 Jean Dubuffet: Verirrter Esel, © VG-Bild-Kunst, Bonn; S. 37 Carl Spitzweg: Der Lieblingsplatz, Niedersächsisches Landesmuseum; S. 40 E. Bückle (aus: Hans E. Laux: Essbare Pilze und ihre giftigen Doppelgänger, Franck-Kosmos1992); S. 48/49 Hintergrund, © Cornelsen, Corel library; S. 51 Vincent van Gogh: Die Sternennacht, AKG Photo, Berlin; S. 68 Ulrike Sommerer, Bayreuth; S. 69 Brigitte Umkehr, Kürnach; S. 70/71 © Ehapa Verlag; S. 72 deltapress GmbH; S. 73 Pieter Brueghel d. Ä.: Heimkehr der Jäger, AKG Photo, Berlin (Erich Lessing); S. 75 Hintergrund, © Cornelsen, Corel library; S. 81 rechts oben AP Photo, Ff./M. (Dieter Endlicher), rechts Mitte Landesstelle für die nichtstaatlichen Museen in Bayern, rechts unten und links Bilderdienst Süddeutscher Verlag, München (Karlheinz Egginger); S. 83 Salvodore Dali: The Persistence of Memory, Museum Of Modern Art, New York; S. 85, 176 aus: Hans-Joachim Gelberg (Hrsg.): Was für ein Glück, 9. Jahrbuch der Kinderlit., Weinheim-Basel: Beltz Verlag 1993, Programm Beltz & Gelberg; S. 89 Walter R. Habicht: Würzburg, Festung und alte Mainbrücke, Städt. Galerie Würzburg; S. 90 Oswald Ringer; S. 101 Friedensreich Hundertwasser: Wintergeist, © 2001 J. Harel, Wien; S. 106 dpa, Ff./M. (Frank Mächler); S. 107 Athens New Agency; S. 109 Paul Klee: Senecio, Artothek, Archiv J. Hinrichs, Peissenberg (Hanz Hinz); S. 122 Wolfgang Gressmann; S. 123 Kathrin Zappe; S. 124, 125, 126 © Cornelsen, Corel library; S. 130 Jörg Lenuweit, Buchloe; S. 140 Michael Hoderlein-Rein, München; S. 141 Bridget Riley: Katarakt 3; S. 142 deltapress GmbH; S. 146 Hintergrund, © Cornelsen, Corel library; S. 151 Georges Seurat: Seine; S. 157, 158 Andrea Gelberg, Weinheim; S. 159 aus: Hans-Joachim Gelberg (Hrsg.): Der bunte Hund 13, Magazin für Kinder in den besten Jahren, Weinheim-Basel: Beltz Verlag 1986, Programm Beltz & Gelberg